짝꿍 단어로 익히는

일본어 VOCA

저자 惠谷容子, 飯嶋美知子

시사일본어사

머리말

단어를 알아도 단어를 사용해 능숙하게 문장을 만들기가 매우 어렵다는 이야기를 일본어 학습자로부터 자주 듣습니다. 이 책은 그런 어려움을 해결하기 위한 하나의 방법으로, 짝을 이루는 말(콜로케이션, collocation)끼리 묶어 표현을 확장시켜 나갈 수 있도록 구성했습니다.

'콜로케이션'이란, 어떤 단어와 함께 자주 사용되는 표현이나 말의 조합을 뜻합니다. 언어는 단순히 단어가 가진 하나의 뜻만 알고 있다고 해서 능숙하게 조합해서 사용할 수 있는 것은 아닙니다.

예를 들어 '전화'라는 명사를 보더라도 우리는 누군가에게 전화할 때 **'전화를 건다'** 고 합니다. 통화가 끝나면 **'전화를 끊는다'**, 누가 전화를 걸어오면 **'전화가 울린다'**고 말하는 것처럼 전화와 관련된 표현은 다양하게 있습니다.

이렇게 서로 잘 호응이 되는 표현을 알고 있으면 '전화'라는 명사를 사용해서 더욱 다양한 표현을 구사할 수 있게 됩니다. 하지만 사전을 찾아보는 것만으로는 다양한 쓰임새까지 알기는 어려우며, 교재에 많은 표현을 제공하는 데에도 한계가 있습니다.

따라서 이 책에는 짝을 이루는 다양한 말, 그 중에서도 '명사'를 중심으로 하여, 해당 명사와 일상에서 유용하게 쓰이는 기본적인 표현들을 정리해서 다양한 예문과 함께 수록했습니다. 초급 교재에 자주 나오는 기본 명사 중에서도 특히 많은 조합을 가지고 있는 단어를 뽑았습니다.

또한, 비유적이고 관용적인 표현이 아닌, **일본어능력시험**(JLPT)이나 **코퍼스**(copus, 말뭉치-언어 연구를 위해 텍스트를 컴퓨터가 읽을 수 있는 형태로 모아 놓은 언어 자료)를 참고하여 실용적인 표현을 엄선했습니다. 따라서 이 책은 초급 학습 단계부터 쉽게 사용하실 수 있습니다.

일상생활 속에서 '이 명사는 이럴 때 어떻게 사용하지?' 하는 궁금증이 들 때, 이 책을 펼쳐 한눈에 쉽게 확인할 수 있습니다. 아울러 일본어능력시험을 대비한 학습에도 도움이 될 수 있도록 만들었습니다. 이 책이 부디 여러분의 일본어 학습에 도움이 되길 바랍니다.

저자 일동

차례

차례

▶ 구성

1 이 책은 '의(衣)' '식(食)' '주(住)'등의 카테고리로 나뉘어져 있습니다.

2 책의 왼쪽 페이지에는 키워드로 제시된 명사와 짝을 이루는 단어를 맵(map)으로 도식화하였습니다. 제시된 명사에 어떠한 짝이 되는 표현이 있는지 전체적인 이미지를 볼 수 있습니다. 또한 각 명사마다 일본어능력시험(JLPT) 레벨 기준을 제시했습니다.

3 책의 오른쪽 페이지에는 각각 짝이 되는 단어를 활용한 예문을 실어 실제 사용법을 익힐 수 있도록 하였습니다.

4 각 과의 마지막에는 학습한 것을 체크할 수 있는 〈확인문제〉가 있습니다.

▶ 사용법

① 책의 왼쪽 페이지에서 짝을 이루는 표현 전체를 맵(MAP)으로 확인합니다.

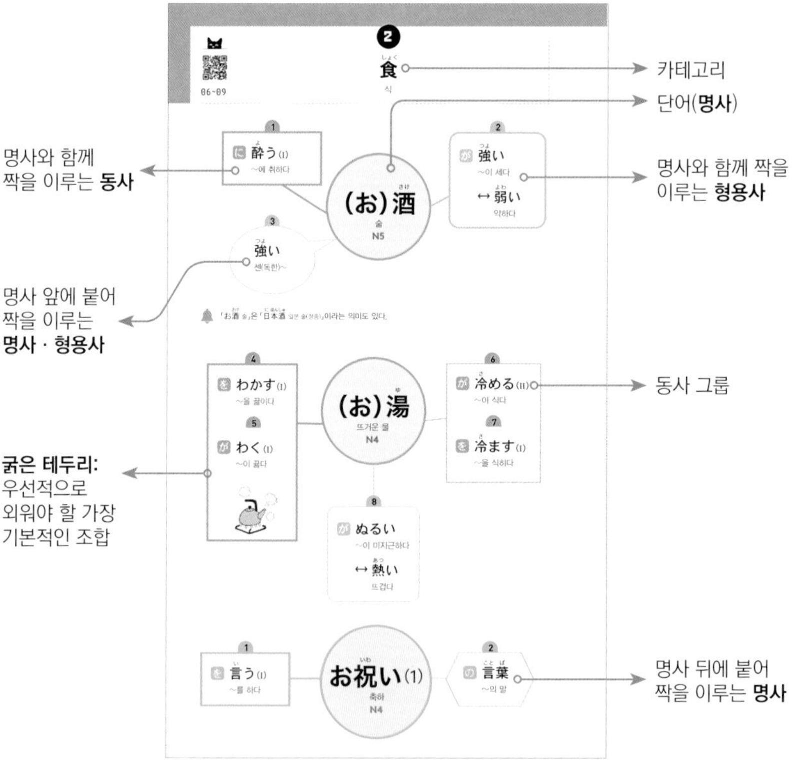

② 책의 오른쪽 페이지에서 예문을 통해 각각 짝을 이루는 표현의 사용법을 확인합니다.

③ 〈확인문제〉에서는 해당 과에서 배운 표현을 제대로 익혔는지 확인합니다. 테스트 형식으로 되어 있어 짝을 이루는 표현을 정리 · 확인할 수 있을 뿐만 아니라 일본어능력시험(JLPT) 대비용으로도 사용할 수 있습니다.

▶ 범례

표시 · 기호	의미	예
[○○] [△△]	교체 가능한 말	[服][シャツ] を着る
{車/自動車}	비슷한말(유의어)	{車/自動車} をぶつける
↔	반대말(반의어)	↔ 脱ぐ
(I) (II) (III)	동사 그룹	전체 음성 듣기
N5, N4, N3, N2	일본어능력시험(JLPT)레벨	
★	보충 설명	
🔊	음성	

01~05

1 衣(い)

의

服(ふく) N5
옷

シャツ N5
셔츠

1
を 着(き)る(II)
~을/를 입다
↔ 脱(ぬ)ぐ(I)
벗다

2
を 着替(きが)える(II)
~을/를 갈아입다

3
が 似合(にあ)う(I)
~이/가 어울리다

4
を かける(II)
~을/를 걸다

5
が 大(おお)きい
~이/가 크다
↔ 小(ちい)さい
작다

6
が きつい
~이/가 꽉 끼다

7
が 派手(はで)だ
~이/가 화려하다
↔ 地味(じみ)だ
수수하다

3, 5~7은 옷, 셔츠뿐만 아니라 사이즈가 있어서
몸에 걸치는 물건 전부에 사용 가능하다.
(바지, 치마, 신발, 모자, 장갑, 안경 등)

1 [服(ふく)][シャツ]を着(き)る
↔ 脱(ぬ)ぐ

- 新(あたら)しい[服(ふく)] [シャツ]を着(き)て、デートに出(で)かけた。
  새 [옷] [셔츠]을/를 입고, 데이트하러 나갔다.
- うちに帰(かえ)ると、まず服(ふく)を脱(ぬ)いでゆっくりする。
  집에 오면 먼저 옷을 벗고 푹 쉰다.

---

2 [服(ふく)][シャツ]を着替(きが)える

- 汗(あせ)をかいたので、[服(ふく)] [シャツ]を着替(きが)えた。
  땀을 흘려서 [옷] [셔츠]을/를 갈아입었다.

★「～に着替(きが)える ~으로 갈아입다」라는 표현도 있다.
예) パジャマに着替(きが)えて寝(ね)る。잠옷으로 갈아입고 자다.

---

3 [服(ふく)][シャツ]が似合(にあ)う

- 私(わたし)は、黄色(きいろ)の[服(ふく)] [シャツ]が似合(にあ)う。青(あお)は似合(にあ)わない。
  나는 노란색 [옷] [셔츠]이/가 어울린다. 파란색은 어울리지 않는다.

★「～に似合(にあ)う ~에게 어울리다」라는 표현도 있다.
예) この服(ふく)は私(わたし)によく似合(にあ)う。이 옷은 나에게 잘 어울린다.

---

4 [服(ふく)][シャツ]をかける

- ハンガーに[服(ふく)] [シャツ]をかけた。
  옷걸이에 [옷] [셔츠]을/를 걸었다.

---

5 [服(ふく)][シャツ]が大(おお)きい
↔ 小(ちい)さい

- 買(か)った[服(ふく)] [シャツ]が大(おお)きかったので、少(すこ)し小(ちい)さいのに代(か)えてもらった。
  구입한 [옷] [셔츠]이/가 커서 조금 작은 것으로 바꿨다.
- 子(こ)どもの背(せ)が伸(の)びて、服(ふく)が小(ちい)さくなった。
  아이의 키가 자라서 옷이 작아졌다.

---

6 [服(ふく)][シャツ]がきつい

- 太(ふと)ったので、[服(ふく)] [シャツ]がきつくなった。
  살이 쪄서 [옷] [셔츠]이/가 꽉 끼었다.

---

7 [服(ふく)][シャツ]が派手(はで)だ
↔ 地味(じみ)だ

- [服(ふく)] [シャツ]が派手(はで)すぎて、仕事(しごと)に着(き)て行(い)けない。
  [옷] [셔츠]이/가 너무 화려해서 일하러 갈 때 입고 갈 수 없다.
- パーティーに着(き)て行(い)く服(ふく)が地味(じみ)なので、きれいなアクセサリーをつけた。
  파티에 입고 갈 옷이 수수해서 예쁜 액세서리를 달았다.

3은 옷, 셔츠, 모자, 장갑 등과 함께 사용할 수 있다.

1

を はく(I)
~을/를 입다, 신다
↔ 脱(ぬ)ぐ(I)
벗다

2

を はき替(か)える(II)
~을/를 갈아입다, 갈아 신다

3

が ぶかぶかだ
~이/가 헐렁헐렁하다

ズボン N5
바지

スカート N5
스커트

靴(くつ) N5
신발

4

が 脱(ぬ)げる(II)
~이 벗겨지다

5

が 合(あ)う(I)
~이 맞다

6

を かぶる(I)
~를 쓰다
↔ 脱(ぬ)ぐ(I)
取(と)る(I)
벗다

帽子(ぼうし) N5
모자

7

を はめる(II)
する(III)
~을 끼다
↔ はずす(I)
取(と)る(I)
벗다

手袋(てぶくろ) N4
장갑

1 [ズボン][スカート][靴]をはく
↔ 脱ぐ

- 今日は寒いから、暖かい[ズボン][スカート][靴]をはこう。
  오늘은 추우니까 따뜻한 [바지] [치마] [신발]를/을 입자/신자.
- 日本の家は、靴を脱いで入る。
  일본 집은 신발을 벗고 들어간다.

2 [ズボン][スカート][靴]をはき替える

- 汚れていたので、[ズボン][スカート][靴]をはき替えて出かけた。
  더러워서 [바지] [치마] [신발]를/을 갈아입고/갈아 신고 나갔다.

★ 「～にはき替える ~으로 갈아 신다」라는 표현도 있다.
예) 汚れていたので、きれいな靴にはき替えた。
더러워서 깨끗한 구두로 갈아 신었다.

3 [ズボン][スカート][靴]がぶかぶかだ

- やせたら、[ズボン][スカート]がぶかぶかになった。
  살이 빠졌더니 [바지] [치마]가 헐렁해졌다.
- 私の足のサイズは21㎝なので、23㎝の靴がぶかぶかだ。
  내 발 사이즈가 210mm여서 230mm 신발이 헐렁헐렁하다.

4 靴が脱げる

- 走っていたら、靴が脱げてしまった。
  달리다가 신발이 벗겨져 버렸다.

5 靴が合う

- 靴が合わなかったので、長い時間歩いて足が疲れた。
  신발이 맞지 않아서 오래 걸었더니 발이 피곤해졌다.

6 帽子をかぶる
↔ {脱ぐ／取る}

- 夏に出かけるときは、いつも帽子をかぶる。
  여름에 나갈 때는 항상 모자를 쓴다.
- 帽子を{脱いで／取って}、先生にあいさつした。
  모자를 벗고 선생님께 인사를 했다.

7 手袋を{はめる／する}
↔ {はずす／取る}

- 手が冷たいので、手袋を{はめ／し}て出かけた。
  손이 시려서 장갑을 끼고 외출했다.
- スマホを使うときは、手袋を{はずし／取っ}たほうがいい。
  스마트폰을 사용할 때는 장갑을 벗는 것이 좋다.

ネクタイ
넥타이
N5

1

を しめる(II)
する(III)
つける(II)
~를 매다, 하다

↔ はずす(I)
풀다

2

を 結ぶ(むす)(I)
~를 묶다, 매다

3

が 曲がる(ま)(I)
~가 비뚤어지다

4

を 直す(なお)(I)
~를 고치다, 고쳐 매다

指輪(ゆびわ) N4
반지

5

を はめる(II)
つける(II)
する(III)
~를 끼다, 하다

↔ はずす(I)
빼다

6

が はまる(I)
~가 맞다

アクセサリー
액세서리
N4

7

を つける(II)
する(III)
~를 차다, 하다

↔ はずす(I)
빼다, 풀다

1 ネクタイを{しめる／する／つける}
↔ はずす

- 今日(きょう)はネクタイを{しめ／し／つけ}て、会社(かいしゃ)に行(い)った。
  오늘은 넥타이를 매고/하고 회사에 갔다.
- 首(くび)が苦(くる)しかったので、ネクタイをはずした。
  목이 답답해서 넥타이를 풀었다.

2 ネクタイを結(むす)ぶ

- 息子(むすこ)は、ネクタイを結(むす)ぶのが下手(へた)だ。
  아들은 넥타이를 매는 것이 서툴다.

3 ネクタイが曲(ま)がる

- ネクタイが曲(ま)がっていないかどうか、鏡(かがみ)でチェックした。
  넥타이가 비뚤어지지 않았는지 거울로 확인했다.

4 ネクタイを直(なお)す

- 曲(ま)がったネクタイを直(なお)した。
  비뚤어진 넥타이를 고쳐 맸다.

5 指輪(ゆびわ)を{はめる／つける／する}
↔ はずす

- 結婚(けっこん)している人(ひと)の多(おお)くは、指輪(ゆびわ)を{はめ／つけ／し}ている。
  결혼한 사람의 상당수는 반지를 끼고/하고 있다.
- 料理(りょうり)をするときは、いつも指輪(ゆびわ)をはずす。
  요리를 할 때는 항상 반지를 뺀다.

6 指輪(ゆびわ)がはまる

- 太(ふと)ったせいで、昔(むかし)買(か)った指輪(ゆびわ)がはまらなくなってしまった。
  살찐 탓에 예전에 산 반지가 맞지 않게 돼 버렸다.

7 アクセサリーを{つける／する}
↔ はずす

- 地味(じみ)な服(ふく)には、アクセサリーを{つける／する}といい。
  수수한 옷에는 액세서리를 차면/하면 좋다.
- 外(そと)から帰(かえ)って、まず全部(ぜんぶ)アクセサリーをはずした。
  밖에서 돌아와서 우선 전부 액세서리를 뺐다.

めがね
안경
N5

1

を かける(II)
する(III)
~을 쓰다, 끼다

↔ はずす(I)
取(と)る(I)
벗다, 빼다

2

が 曇(くも)る(I)
~이 뿌옇다

ボタン
단추
N5

3

を かける(II)
留(と)める(II)
はめる(II)
~를 잠그다, 채우다, 끼우다

↔ はずす(I)
풀다

4

が はずれる(II)
~가 끌러지다

5

が 取(と)れる(II)
~가 떨어지다

1 めがね を{かける／する} ↔ {はずす／取(と)る}

- 目(め)が悪(わる)いので、めがねを {かけ／し} なければ運転(うんてん)ができない。
  눈이 나빠서 안경을 쓰지/끼지 않으면 운전을 못 한다.
- めがねを {はずす／取(と)る} のを忘(わす)れてお風呂(ふろ)に入(はい)ってしまった。
  안경을 벗는/빼는 것을 깜박하고 목욕탕에 들어가 버렸다.

2 めがねが曇(くも)る

- ラーメンを食(た)べていたら、湯気(ゆげ)でめがねが曇(くも)った。
  라면을 먹고 있는데 김이 서려 안경이 뿌옇게 되었다.

3 ボタンを{かける／留(と)める／はめる} ↔ はずす

- きちんとボタンを {かけ／留(と)め／はめ} てシャツを着(き)た。
  단정하게 단추를 잠그고/채우고/끼우고 셔츠를 입었다.

★ 「はめる」의 자동사는 「はまる(1그룹)」

예) おなかが出(で)ていて、ズボンのボタンがはまらない。
배가 나와서 바지 단추가 잠기지 않는다.

- 暑(あつ)いので、上着(うわぎ)のボタンをはずした。
  더워서 웃옷의 단추를 풀었다.

4 ボタンがはずれる

- ズボンのボタンがはずれているのに気(き)づかなかった。
  바지 단추가 끌러져 있는 것을 알아차리지 못했다.

5 ボタンが取(と)れる

- 糸(いと)が切(き)れて、シャツのボタンが取(と)れた。
  실이 끊어져서 셔츠 단추가 떨어졌다.

傘（かさ）
우산
N5

1. を 差す（さす）(I)
   ~을 쓰다
2. を 開く（ひらく）(I)
   ~을 펴다
   ↔ 閉じる（とじる）(II)
   접다

化粧（けしょう）
화장
N3

3. を する(III)
   ~을 하다
   ↔ 落とす（おとす）(I)
   지우다
4. が 落ちる（おちる）(II)
   ~이 지워지다
5. が くずれる(II)
   ~이 뭉개지다

6. を 直す（なおす）(I)
   ~을 고치다
7. が 濃い（こい）
   ~이 짙다
   ↔ 薄い（うすい）
   옅다

1 傘(かさ)を差(さ)す

- 雨(あめ)が降(ふ)ってきたので、傘(かさ)を差(さ)した。
  비가 오기 시작해서 우산을 썼다.

2 傘(かさ)を開(ひら)く
↔ 閉(と)じる

- 傘売(かさう)り場(ば)で、傘(かさ)を開(ひら)いて形(かたち)や色(いろ)を見(み)た。
  우산 매장에서 우산을 펴서 모양과 색깔을 봤다.
- 差(さ)していた傘(かさ)を閉(と)じて、バスに乗(の)った。
  쓰고 있던 우산을 접고 버스에 탔다.

3 化粧(けしょう)をする
↔ 落(お)とす

- 私(わたし)は、あまり化粧(けしょう)をしない。
  나는 그다지 화장을 하지 않는다.
- うちに帰(かえ)って、化粧(けしょう)を落(お)としてから、顔(かお)を洗(あら)った。
  집에 돌아와서 화장을 지우고 세수를 했다.

4 化粧(けしょう)が落(お)ちる

- 時間(じかん)が経(た)って、ほとんど化粧(けしょう)が落(お)ちてしまった。
  시간이 지나서 거의 화장이 지워져 버렸다.

5 化粧(けしょう)がくずれる

- 汗(あせ)をかくと、化粧(けしょう)がくずれやすくなる。
  땀을 흘리면 화장이 쉽게 뭉개진다.

6 化粧(けしょう)を直(なお)す

- 化粧(けしょう)がくずれたので、会社(かいしゃ)のトイレで化粧(けしょう)を直(なお)した。
  화장이 지워져서 회사 화장실에서 화장을 고쳤다.

7 化粧(けしょう)が濃(こ)い
↔ 薄(うす)い

- パーティーに来(き)た友(とも)だちは、いつもより化粧(けしょう)が濃(こ)かった。
  파티에 온 친구는 평소보다 화장이 진했다.
- 彼女(かのじょ)は、化粧(けしょう)が薄(うす)くても、とてもきれいだ。
  그녀는 화장이 옅어도 매우 예쁘다.

1

衣

확인문제

1 (　)에 오른쪽 말의 반대말을 넣으세요.

① シャツを（　　　　　　）↔ 脱(ぬ)ぐ

② ズボンを（　　　　　　）↔ 脱(ぬ)ぐ

③ 靴(くつ)を（　　　　　　）↔ 脱(ぬ)ぐ

④ 帽子(ぼうし)を（　　　　　　）↔ 脱(ぬ)ぐ／取(と)る

2 '~을/를 하다'의 형태가 되는 말을 모두 찾아 ○표 하세요.

手袋(てぶくろ)	めがね	指輪(ゆびわ)	アクセサリー	ネクタイ	ボタン	化粧(けしょう)	傘(かさ)

3 함께 쓸 수 있는 말을 [　]에서 모두 골라 ○표 하세요.

① ネクタイを　[しめる　結(むす)ぶ　直(なお)す　開(ひら)く　はずす]

② ボタンを　[はめる　留(と)める　かける　開(ひら)く　はずす]

③ 化粧(けしょう)を　[直(なお)す　かける　くずす　はずす　落(お)とす]

④ 傘(かさ)を　[差(さ)す　開(あ)ける　開(ひら)く　閉(し)める　閉(と)じる]

4 함께 쓸 수 있는 말을 [　]에서 모두 골라 ○표 하세요. 또, 반대말도 고르세요.

① 手袋(てぶくろ)を　[はめる　かける　しめる] ↔ [取(と)る　はずす]

② めがねを　[つける　はめる　かける] ↔ [取(と)る　はずす]

③ 指輪(ゆびわ)を　[つける　はめる　かける] ↔ [脱(ぬ)ぐ　はずす]

④ アクセサリーを　[つける　はめる　かける] ↔ [脱(ぬ)ぐ　はずす]

5 {　}에서 올바른 쪽을 골라 ○표 하세요.

① 友(とも)だちは、いつも明(あか)るくて { 派手(はで)な　地味(じみ)な } 服(ふく)を着(き)ている。

② 靴(くつ)が大(おお)きすぎて、{ ぶかぶか　ぴったり } だ。

③ 私(わたし)は体(からだ)が大(おお)きいので、M サイズの服(ふく)は { 狭(せま)い　きつい }。

④ 妹は、{ 濃い　強い } 化粧が好きだ。

⑤ 汗をかいて化粧が { はずれた　くずれた }。

6 밑줄 친 부분이 맞으면 ○표를 하고 틀리면 알맞게 고쳐서 (　)에 넣으세요.

① 服をハンガーにかかった（→　　　　　　　）。

② 糸が切れて、ボタンが取った（→　　　　　　　）。

③ 走っていたら、靴が脱いで（→　　　　　　　）しまった。

④ 太って古い指輪がはまらなく（→　　　　　　　）なった。

⑤ 時間が経ったので、化粧が落として（→　　　　　　　）しまった。

7 ☐에서 단어를 골라 적당한 형태로 바꿔서 [　] 안에 넣으세요. 각 단어는 한 번밖에 고를 수 없습니다.

きつい	にあう	かける	はずれる

店でスカートをはいてみた。あまり私に［①　　　　　］なかったので、別のスカートに変えてもらったら、色も形もとてもよかった。でも、今度はサイズが小さくて［②　　　　　］た。横のボタンを［③　　　　　］うとしても、どうしても［④　　　　　］てしまう。すてきなスカートだったが、店に返した。とても残念だった。

8 (　)에 들어갈 말은 무엇입니까? 1~4에서 가장 알맞은 것을 고르세요.

① (　　) 靴をはいていると、足が疲れてくる。

1 合わない　2 似合わない　3 止まらない　4 はずれない

② ラーメンを食べていたら、湯気でめがねが（　　）しまった。

1 取れて　2 閉じて　3 曇って　4 はまって

③ ネクタイが（　　）いたので、鏡を見ながら直した。

1 回って　2 切れて　3 変わって　4 曲がって

06~09

2

食(しょく)

식

ごはん
밥
N5

1. を 炊く(た)く (I)
~을 짓다

2. が 炊(た)ける (II)
~이 지어지다

3. を 作(つく)る (I)
~을/를 짓다, 만들다

食事(しょくじ)
식사
N4

4. を する (III)
とる (I)
~를 하다

お茶(ちゃ)
차
N5

5. を 入(い)れる (II)
~를 타다

6. を つぐ (I)
~를 따르다

7. を 出(だ)す (I)
~를 내다

8. が 濃(こ)い
~가 진하다
↔ 薄(うす)い
연하다

「お茶(ちゃ) 차」는 일본 차(녹차)만 지칭하는 경우와 다양한 종류의 차를 지칭하는 경우가 있다.

1 ごはんを炊く

- 私は、なべでごはんを炊いている。
  나는 냄비로 밥을 짓는다.

★「ごはん 밥」에는「食事 식사」라는 의미도 있다.
예) 朝ごはん 아침밥, 아침 식사

2 ごはんが炊ける

- ごはんが炊けたら、少し待つとおいしくなる。
  밥이 지어지고 나서 조금 기다리면 맛있어진다.

3 [ごはん][食事]を作る

- 朝と晩だけ[ごはん][食事]を作って、昼は外食している。
  아침과 저녁에만 [밥][식사]을/를 만들고 점심은 외식하고 있다.

4 食事を{する／とる}

- のどが痛くて、食事を{する／とる}ことができない。
  목이 아파서 식사를 할 수 없다.
  食事を食べる (×)

5 お茶を入れる

- 仕事の休み時間に、お茶を入れて飲んだ。
  일하다가 쉬는 시간에 차를 타서 마셨다.

★「入れる 타다」는「コーヒー 커피」등에도 쓴다.

6 お茶をつぐ

- カップにもう1杯お茶をついで飲んだ。
  컵에 한 잔 더 차를 따라 마셨다.

★「つぐ 따르다」는 물, 술 등 여러 가지 음료에도 쓴다.

7 お茶を出す

- お客様にお茶を出した。
  손님에게 차를 냈다.

★「出す 내다」는 여러 가지 음료에도 쓴다. 또한 과자나 요리 등에도 쓸 수 있다.
예) お客様に紅茶とケーキを出した。손님에게 홍차와 케이크를 대접했다.

8 お茶が濃い
↔ 薄い

- お茶が濃くて、おいしい。
  차가 진하고 맛있다.
- お茶が薄くて、あまり味がない。
  차가 싱거워서 별로 맛이 없다.

(お)酒(さけ)
술
N5

1
に 酔(よ)う (I)
~에 취하다

2
が 強(つよ)い
~이 세다
↔ 弱(よわ)い
약하다

3
強(つよ)い
센(독한)~

「お酒(さけ) 술」은 「日本酒(にほんしゅ) 일본 술(정종)」이라는 의미도 있다.

(お)湯(ゆ)
뜨거운 물
N4

4
を わかす (I)
~을 끓이다

5
が わく (I)
~이 끓다

6
が 冷(さ)める (II)
~이 식다

7
を 冷(さ)ます (I)
~을 식히다

8
が ぬるい
~이 미지근하다
↔ 熱(あつ)い
뜨겁다

1 (お)酒(さけ)に酔(よ)う

- 飲(の)みすぎて、お酒(さけ)に酔(よ)ってしまった。
  과음해서 술에 취해 버렸다.

★「酔(よ)う 취하다」만으로도 쓴다.

예) 私(わたし)は、酔(よ)うとすぐ寝(ね)てしまう。 나는 술에 취하면 곧바로 자 버린다.

---

2 (お)酒(さけ)が強(つよ)い
↔ 弱(よわ)い

- 父(ちち)はお酒(さけ)が強(つよ)くて、いくら飲(の)んでも酔(よ)わない。
  아버지는 술이 세서 아무리 마셔도 취하지 않는다.
- 私(わたし)はお酒(さけ)が弱(よわ)いので、すぐ顔(かお)が赤(あか)くなってしまう。
  나는 술이 약해서 금방 얼굴이 빨개진다.

★「お酒(さけ)に強(つよ)い 술에 강하다 ↔ 弱(よわ)い 약하다」라는 표현도 있다.

---

3 強(つよ)い(お)酒(さけ)

- ウイスキーは、とても強(つよ)いお酒(さけ)だ。
  위스키는 매우 독한 술이다.

---

4 (お)湯(ゆ)をわかす

- 水(みず)を火(ひ)にかけて、お湯(ゆ)をわかす。
  물을 불에 올려 끓인다.

---

5 (お)湯(ゆ)がわく

- 電気(でんき)ポットは、すぐにお湯(ゆ)がわく。
  전기 포트는 금방 물이 끓는다.

---

6 (お)湯(ゆ)が冷(さ)める

- お茶(ちゃ)は、少(すこ)し湯(ゆ)が冷(さ)めてから入(い)れるとおいしい。
  차는 물 온도가 조금 식은 후에 우려내면 맛있다.

---

7 (お)湯(ゆ)を冷(さ)ます

- お湯(ゆ)をよく冷(さ)まして、赤(あか)ちゃんのミルクを作(つく)った。
  뜨거운 물을 잘 식혀서 아기의 분유를 탔다.

★ 차나 커피 등 뜨거운 음료에도 사용한다.

---

8 (お)湯(ゆ)がぬるい
↔ 熱(あつ)い

- コーヒーや紅茶(こうちゃ)は、湯(ゆ)が熱(あつ)い方(ほう)がいい。湯(ゆ)がぬるいと、おいしくない。
  커피나 홍차는 물이 뜨거운 편이 낫다. 물이 미지근하면 맛이 없다.

★ 차나 커피 등 뜨거운 음료에도 사용한다.

味(あじ)
맛
N4

におい
냄새
N4

1 が する(III)
~이/가 나다

2 が ある(I)
~이/가 있다
↔ ない
없다

3 が いい
~이/가 좋다
↔ 悪(わる)い
안 좋다

4 を つける(II)
~을 내다

5 を みる(II)
~을 보다

6 が 濃(こ)い
~이 진하다, 짜다
↔ 薄(うす)い
싱겁다

7 を かぐ(I)
~를 맡다

좋은 냄새는 「匂(にお)い」, 고약한 냄새는 「臭(にお)い」라고 쓰는 경우가 많다.

1 ～[味(あじ)][におい]がする

- ごはんは、よくかむと、甘(あま)い味(あじ)がする。
  밥을 잘 씹으면 단 맛이 난다.
- 台所(だいどころ)から、いいにおいがしてくる。
  부엌에서 좋은 냄새가 난다.

2 [味(あじ)][におい]がある ↔ ない

- 多(おお)くの花(はな)には、においがある。
  대부분의 꽃에는 냄새(향기)가 있다.
- 水(みず)には、ほとんど味(あじ)がない。
  물에는 거의 맛이 없다.

3 [味(あじ)][におい]がいい ↔ 悪(わる)い

- 私(わたし)の大学(だいがく)の食堂(しょくどう)は、どんな料理(りょうり)も味(あじ)がよくて、人気(にんき)がある。
  우리 대학교 식당은 어떤 요리도 다 맛있어서 인기가 있다.
  味(あじ)がおいしい (×)
- バラの花(はな)は、とてもにおいがいい。
  장미꽃은 매우 냄새(향기)가 좋다.
- においが悪(わる)い牛乳(ぎゅうにゅう)は、飲(の)まない方(ほう)がいい。
  냄새가 고약한 우유는 마시지 않는 것이 좋다.
  悪(わる)い [味(あじ)] [におい] (×)　　嫌(いや)な [味(あじ)] [におい] (○)

4 味(あじ)をつける

- 塩(しお)を入(い)れて、スープに味(あじ)をつけた。
  소금을 넣어 수프에 간을 했다.

5 味(あじ)をみる

- 料理(りょうり)をしながら、おいしいかどうか味(あじ)をみた。
  요리를 하면서 맛있는지 어떤지 맛을 보았다.

6 味(あじ)が濃(こ)い ↔ 薄(うす)い

- 味(あじ)が濃(こ)い料理(りょうり)は、食(た)べているとのどがかわく。
  간이 짠 요리는 먹으면 갈증이 난다.
- お茶(ちゃ)の味(あじ)が薄(うす)すぎて、湯(ゆ)のようだった。
  차의 맛이 너무 싱거워서 뜨거운 물 같았다.

7 においをかぐ

- 古(ふる)い肉(にく)のにおいをかいだら、とても臭(くさ)かった。
  오래된 고기 냄새를 맡았더니 고약한 냄새가 났다.

1

を 出(だ)す (I)
~을 틀다

↔ 止(と)める (II)
잠그다

2

が 出(で)る (II)
~이 나오다

↔ 止(と)まる (I)
끊기다

3

を 流(なが)す (I)
~을 흘려 보내다

水(みず)
물
N5

4

を つける (II)
~을 켜다

↔ 消(け)す (I)
止(と)める (II)
끄다, 잠그다

5

が つく (I)
~이 켜지다

↔ 消(き)える (II)
꺼지다

火(ひ)
불
N4

6

に かける (II)
~에 올리다

↕

から おろす (I)
~에서 내리다

7

が 強(つよ)い
~이 세다

↔ 弱(よわ)い
약하다

1 水(みず)を出(だ)す ↔ 止(と)める

- 水道(すいどう)から水(みず)を出(だ)して、ポットに入(い)れた。
  수도에서 물을 틀어서 주전자에 담았다.
- ポットがいっぱいになったので、水道(すいどう)の水(みず)を止(と)めた。
  주전자가 가득 차서 수돗물을 잠갔다.

2 水(みず)が出(で)る ↔ 止(と)まる

- しばらく使(つか)っていない水道(すいどう)から、茶色(ちゃいろ)い水(みず)が出(で)てきた。
  한동안 사용하지 않았던 수도에서 갈색 물이 나왔다.
- 大(おお)きな地震(じしん)の後(あと)、3日間(みっかかん)、水(みず)が止(と)まった。
  큰 지진이 있고 나서 사흘간 물이 끊겼다.

3 水(みず)を流(なが)す

- 水(みず)を流(なが)しながら、皿(さら)を洗(あら)った。
  흐르는 물에 접시를 씻었다.

4 火(ひ)をつける ↔ {消(け)す／止(と)める}

- 水(みず)の入ったなべを置(お)いて、ガスに火(ひ)をつけた。
  물이 든 냄비를 놓고 가스에 불을 켰다.
- お湯(ゆ)がわいたので、火(ひ)を{消(け)し／止(と)め}た。
  물이 끓어서 가스 불을 껐다/잠갔다.

★ 「止(と)める 끄다」는 가스 불에 사용한다.

5 火(ひ)がつく ↔ 消(き)える

- コンロが壊(こわ)れて、ガスの火(ひ)がつかない。
  난로가 고장 나서 가스 불이 켜지지 않는다.
- 料理(りょうり)の途中(とちゅう)で、コンロの火(ひ)が消(き)えてしまった。
  요리하는 도중에 가스 불이 꺼져 버렸다.

6 火(ひ)にかける ↕ 火(ひ)からおろす

- フライパンを火(ひ)にかけて、肉(にく)を焼(や)いた。
  프라이팬을 불에 올려 고기를 구웠다.
- 肉(にく)が焼(や)けたので、フライパンを火(ひ)からおろした。
  고기가 구워져서 프라이팬을 불에서 내렸다.

7 火(ひ)が強(つよ)い ↔ 弱(よわ)い

- 火(ひ)が強(つよ)すぎると魚(さかな)が焦(こ)げるので、もう少(すこ)し弱(よわ)い方(ほう)がいい。
  불이 너무 세면 생선이 타니까 조금 더 불이 약한 편이 낫다.

확인문제

1 아래의 표를 완성하세요.

자동사	타동사
① 火(ひ)が＿＿＿＿＿＿	火(ひ)を消(け)す
② 火(ひ)が＿＿＿＿＿＿	火(ひ)をつける
水(みず)が出(で)る	③ 水(みず)を＿＿＿＿＿＿
④ 湯(ゆ)が＿＿＿＿＿＿	湯(ゆ)をわかす
湯(ゆ)が冷(さ)める	⑤ 湯(ゆ)を＿＿＿＿＿＿

2 올바른 문장이 되도록 왼쪽과 오른쪽의 말을 선으로 연결하세요.

① 自分(じぶん)で朝(あさ)ごはんを ・	・出(だ)す。
② 昼(ひる)は外(そと)で食事(しょくじ)を ・	・つぐ。
③ 熱(あつ)いお茶(ちゃ)をカップに ・	・とる。
④ お客(きゃく)さんにお菓子(かし)とお茶(ちゃ)を ・	・作(つく)る。

3 함께 쓸 수 있는 말을 [　]에서 모두 골라 ○표 하세요.

① お茶(ちゃ)が [強(つよ)い　弱(よわ)い　濃(こ)い　薄(うす)い]

② 湯(ゆ)が [暑(あつ)い　寒(さむ)い　きつい　ぬるい]

③ 火(ひ)が [強(つよ)い　弱(よわ)い　高(たか)い　低(ひく)い]

④ 味(あじ)が [いい　悪(わる)い　濃(こ)い　薄(うす)い　ない]

⑤ においが [いい　悪(わる)い　大(おお)きい　小(ちい)さい　ない]

4 (　)에는 조사를 넣고, 밑줄에는 □에서 단어를 하나 골라 넣으세요.

ある　　する　　かぐ　　つける

① この花(はな)には、におい　(　　) ＿＿＿＿＿＿。

② 台所(だいどころ)からカレーのにおい　(　　) ＿＿＿＿＿＿。

③ 鼻(はな)を近(ちか)づけて、におい　(　　) ＿＿＿＿＿＿。

④ このガムは、りんごの味(あじ)　(　　) ＿＿＿＿＿＿。

⑤ 料理(りょうり)に塩(しお)で味(あじ)　(　　) ＿＿＿＿＿＿。

5 □에서 단어를 골라 적당한 형태로 바꿔서 [　] 안에 넣으세요. 각 단어는 한 번밖에 고를 수 없습니다.

する　　みる　　おろす　　かける　　とめる

今日(きょう)、友(とも)だちが遊(あそ)びに来(き)て、夜(よる)、うちで一緒(いっしょ)に食事(しょくじ)を［①　　　　　］ことになった。ステーキを作(つく)ろうと、フライパンを火(ひ)に［②　　　　　］て、肉(にく)を焼(や)いた。次(つぎ)に、肉(にく)の汁(しる)で、味(あじ)を［③　　　　　］ながら、ソースを作(つく)った。ちょうどいい味(あじ)になったところで火(ひ)を［④　　　　　］て、フライパンを［⑤　　　　　］た。ソースを肉(にく)にかけて食(た)べると、とてもおいしかった。

6 (　)에 들어갈 말은 무엇입니까? 1~4에서 가장 알맞은 것을 고르세요.

① 山田(やまだ)「何(なに)か飲(の)みたいな。」

田中(たなか)「じゃあ、お茶(ちゃ)を（　　　）か。」

1 差(さ)そう　　2 作(つく)ろう　　3 つけよう　　4 入(い)れよう

② 私(わたし)は、お酒(さけ)が（a　　　）ので、すぐに（b　　　）しまう。

a）1 弱(よわ)い　　2 苦(にが)い　　3 嫌(きら)いな　　4 苦(くる)しい

b）1 負(ま)けて　　2 酔(よ)って　　3 壊(こわ)れて　　4 くずれて

10~17

3 住(じゅう)

주

部屋(へや)

방

N5

1. が 広い(ひろ)
   ~이 넓다
   ↔ 狭い(せま)
   좁다

2. が 大きい(おお)
   ~이 크다
   ↔ 小さい(ちい)
   작다

3. を 片づける(かた) (II)
   ~을 치우다

4. を 借りる(か) (II)
   ~을 빌리다

「部屋(へや) 방」은 '집에 있는 방 중 하나'라는 뜻과 '아파트나 맨션의 자기 집'이라는 의미를 가지고 있다.

ドア

문

N5

5. を 開ける(あ) (II)
   ~을 열다
   ↔ 閉める(し) (II)
   닫다

6. が 開く(あ) (I)
   ~이 열리다
   ↔ 閉まる(し) (I)
   닫히다

「ドア」를 「戸(と) 문」이라고 하기도 한다.

1 **部屋が広い**
↔ 狭い

- 私のアパートは、部屋が広くて物がたくさん置ける。
  우리 아파트는 방이 넓어서 물건을 많이 둘 수 있다.
- 部屋が狭くて、ベッドが入らない。
  방이 좁아서 침대가 들어가지 않는다.

---

2 **部屋が大きい**
↔ 小さい

- 部屋が大きいので、友だちと二人で住んでいる。
  방이 커서 친구와 둘이서 살고 있다.
- このアパートは部屋が小さいが、駅に近くて便利だ。
  이 아파트는 방은 작지만 역이 가까워서 편리하다.

---

3 **部屋を片づける**

- 友だちが来るから、部屋を片づけてきれいにしよう。
  친구가 오니까 방을 치워서 깨끗하게 하자.

---

4 **部屋を借りる**

- 大学に入ったので、大学の近くに部屋を借りた。
  대학에 입학했기 때문에 대학 근처에 방을 빌렸다.

---

5 **ドアを開ける**
↔ 閉める

- ドアを開けて、部屋の外へ出た。
  문을 열고 방 밖으로 나왔다.
- 息子は、ドアを閉めないでトイレに入るので困る。
  아들은 문을 안 닫고 화장실에 들어가기 때문에 곤란하다.

---

6 **ドアが開く**
↔ 閉まる

- うちへ帰ると、玄関のドアが開いていた。
  집에 돌아오니 현관문이 열려 있었다.
- 重くて、なかなかドアが閉まらない。
  무거워서 좀처럼 문이 닫히지 않는다.

★「開ける 열다 ↔ 閉める 닫다」,「開く 열리다 ↔ 閉まる 닫히다」는 창문이나 커튼 등에도 사용한다.

1

を かける(II)
閉(し)める(II)
~를 걸다, 잠그다

↔ 開(あ)ける(II)
열다

2

が かかる(I)
閉(し)まる(I)
~가 걸리다, 잠기다

↔ 開(あ)く(I)
열리다

鍵(かぎ)
열쇠, 자물쇠
N5

3

を 上(あ)がる(I)
上(のぼ)る(I)
~을 오르다, 올라가다

↔ 下(お)りる(II)
내려가다

階段(かいだん)
계단
N5

4

が 急(きゅう)だ
~이 가파르다

1 **鍵(かぎ)を{かける／閉(し)める}**
↔ **開(あ)ける**

- 出(で)かけるとき、ドアの鍵(かぎ)を{かける／閉(し)める}のを忘(わす)れてしまった。
  외출할 때 문의 열쇠를 {거는/잠그는} 것을 잊어버렸다.
- 鍵(かぎ)を開(あ)けて、部屋(へや)に入(はい)った。
  열쇠를 열고 방에 들어갔다.

2 **鍵(かぎ)が{かかる／閉(し)まる}**
↔ **開(あ)く**

- 鍵(かぎ)が{かかっ／閉(し)まっ}ていて、部屋(へや)に入(はい)れない。
  열쇠가 {걸려/잠겨} 있어서 방에 들어갈 수 없다.
  部屋(へや)に鍵(かぎ)がかかる (○)　部屋(へや)に鍵(かぎ)が閉(し)まる (×)
- ドアが壊(こわ)れて、鍵(かぎ)が開(あ)かない。
  문이 고장 나서 열쇠가 열리지 않는다.

3 **階段(かいだん)を{上(あ)がる／上(のぼ)る}**
↔ **下(お)りる**

- エレベーターが動(うご)かないので、7階(かい)まで階段(かいだん)を{上(あ)がら／上(のぼ)ら}なければならない。
  엘리베이터가 움직이지 않아서 7층까지 계단을 {오르지/올라가지} 않으면 안 된다.
- 階段(かいだん)を下(お)りて、1階(いっかい)の部屋(へや)へ行(い)った。
  계단을 내려가서 1층 방으로 갔다.

4 **階段(かいだん)が急(きゅう)だ**

- 私(わたし)のアパートは階段(かいだん)が急(きゅう)なので、お年寄(としよ)りは大変(たいへん)だ。
  우리 아파트는 계단이 가파르기 때문에 노인은 힘들다.

(お)風呂(ふろ)

목욕탕, 욕실

N5

1

に 入(はい)る (I)

~에 들어가다

↕

から／を 出(で)る (II)

~에서/을 나오다

2

が わく (I)

~이 끓다

3

を わかす (I)

~을 데우다

トイレ

화장실

N5

4

に 行(い)く (I)

~에(을) 가다

5

を 流(なが)す (I)

(물)을 내리다

6

を 借(か)りる (II)

~을 빌리다(쓰다)

1 [(お)風呂(ふろ)][トイレ]に入(はい)る
↕
[(お)風呂(ふろ)][トイレ]{から／を}出(で)る

- 風呂(ふろ)に入(はい)ると、疲(つか)れが取(と)れる。
  목욕을 하면 피로가 풀린다.

★「お風呂(ふろ)に入(はい)る」는 '욕조에 뜨거운 물을 가득 채워서 목욕하다'와 '욕실에서 몸을 씻는다'는 두 가지 의미가 있다.

- トイレに入(はい)ったら、トイレットペーパーがなくて困(こま)った。
  화장실에 들어갔더니 화장지가 없어서 난처했다.
- 体(からだ)が温(あたた)まったので、風呂(ふろ){から／を}出(で)た。
  몸이 따뜻해져서 욕실{에서/을} 나왔다.
- 電話(でんわ)が鳴(な)ったので、急(いそ)いでトイレ{から／を}出(で)た。
  전화가 울려서 서둘러 화장실{에서/을} 나왔다.

---

2 (お)風呂(ふろ)がわく

- 寒(さむ)いから、お風呂(ふろ)がわいたらすぐ入(はい)ろう。
  추우니까 목욕물이 데워지면 바로 들어가야지.

---

3 (お)風呂(ふろ)をわかす

- 湯(ゆ)が冷(さ)めたので、もう一度(いちど)風呂(ふろ)をわかした。
  물이 식어서 다시 목욕물을 데웠다.

---

4 トイレに行(い)く

- 寒(さむ)い日(ひ)は、何度(なんど)もトイレに行(い)ってしまう。
  추운 날은 몇 번이나 화장실을 가게 된다.

---

5 トイレを流(なが)す

- トイレを流(なが)すのを忘(わす)れて、いつも母(はは)に叱(しか)られる。
  화장실 물을 내리는 것을 깜박해서 항상 어머니에게 꾸중을 듣는다.

★ 여기서 말하는「トイレ」는 '화장실의 물'을 의미한다.

---

6 トイレを借(か)りる

- 友(とも)だちのうちへ遊(あそ)びに行(い)ったとき、トイレを借(か)りた。
  친구 집에 놀러 갔을 때 화장실을 빌렸다(썼다).

電気(でんき) (1)
전기, 전깃불
N5

1

を **つける** (II)
~을/를 켜다

↔ **消(け)す** (I)
切(き)る (I)
끄다

2

が **つく** (I)
~이/가 켜지다

↔ **消(き)える** (II)
꺼지다

3

が **切(き)れる** (II)
~이/가 끊어지다

4

が **明(あか)るい**
~이/가 밝다

↔ **暗(くら)い**
어둡다

🔔 **1**과 **2**는 TV나 라디오에도 쓸 수 있다.

スイッチ
스위치
N4

5

を **入(い)れる** (II)
~를 넣다(켜다)

↔ **切(き)る** (I)
끄다

6

を **押(お)す** (I)
~를 누르다

1 電気(でんき)をつける
↔ {消(け)す／切(き)る}

- 夜(よる)、うちに帰(かえ)ってきて、部屋(へや)の電気(でんき)をつけた。
  밤에 집에 돌아와서 방의 전깃불을 켰다.
- 寝(ね)るときは、電気(でんき)を {消(け)し／切(き)っ} て、部屋(へや)を暗(くら)くする。
  잘 때는 전깃불을 끄고 방을 어둡게 한다.

2 電気(でんき)がつく
↔ 消(き)える

- スイッチを押(お)すと、電気(でんき)がつく。
  스위치를 누르면 전깃불이 켜진다.
- 雷(かみなり)が落(お)ちて、町中(まちじゅう)の電気(でんき)が消(き)えてしまった。
  번개가 쳐서 온 동네 전기가 나가 버렸다.

3 電気(でんき)が切(き)れる

- 古(ふる)い電気(でんき)が切(き)れて、つかなくなった。
  오래된 전기가 끊겨서 켜지지 않게 되었다.

4 電気(でんき)が明(あか)るい
↔ 暗(くら)い

- 目(め)のために、勉強(べんきょう)は電気(でんき)が明(あか)るい部屋(へや)でした方(ほう)がいい。
  눈을 위해서 공부는 전깃불이 밝은 방에서 하는 것이 좋다.
- 電気(でんき)が暗(くら)くて、本(ほん)の字(じ)がよく読(よ)めない。
  전깃불이 어두워서 책의 글자를 잘 읽을 수 없다.

5 スイッチを入(い)れる
↔ 切(き)る

- 電気(でんき)ポットは、スイッチを入(い)れるだけで、湯(ゆ)がわく。
  전기 포트는 스위치를 켜는 것만으로 물이 끓는다.
- ラジオがうるさいので、スイッチを切(き)った。
  라디오가 시끄러워서 스위치를 껐다.

6 スイッチを押(お)す

- いくらスイッチを押(お)しても、掃除機(そうじき)が動(うご)かない。
  아무리 스위치를 눌러도 청소기가 작동하지 않는다.

エアコン
에어컨
N4

1

を つける(II)
入(い)れる(II)
かける(II)
~을 켜다, 틀다

↔ 切(き)る(I)
消(け)す(I)
止(と)める(II)
끄다

2

が つく(I)
~이 켜지다

3

が 効(き)く(I)
~이 잘 작동되다

時計(とけい)
시계
N5

4

が 動(うご)く(I)
~가 움직이다

↔ 止(と)まる(I)
서다

5

が 遅(おく)れる(II)
~가 늦다

↔ 進(すす)む(I)
빠르다

6

を 合(あ)わせる(II)
~를 맞추다

7

を セットする(III)
~를 세팅하다

8

が 鳴(な)る(I)
~가 울리다

1 エアコンを{つける／入れる／かける}
↕
{切る／消す／止める}

- 部屋が暑いので、エアコンを {つけ／入れ／かけ} た。
  방이 더워서 에어컨을 {켰다/틀었다}.
- 部屋が冷えすぎて寒くなったので、エアコンを {切っ／消し／止め} た。
  너무 냉방이 되어 추워졌기 때문에 에어컨을 껐다.

2 エアコンがつく

- エアコンがつかない。故障したのかもしれない。
  에어컨이 켜지지 않는다. 고장이 났을지도 모른다.

3 エアコンが効く

- 部屋が暑すぎて、なかなかエアコンが効かない。
  방이 너무 더워서 좀처럼 냉방이 되지 않는다.

4 時計が動く
↔ 止まる

- 時計が動かなくなったので、修理してもらった。
  시계가 움직이지 않게 되어서 수리받았다.
- 電池が切れて、時計が止まってしまった。
  배터리가 다 닳아서 시계가 멈춰 버렸다.

5 時計が遅れる
↔ 進む

- 時計が遅れていて、約束の時間に間に合わなかった。
  시계가 늦어서 약속 시간에 늦었다.
- 時計が進んでいる。今8時なのに、8時3分になっている。
  시계가 빠르다. 지금 8시인데 8시 3분으로 되어 있다.

6 時計を合わせる

- 時間が違っていたので、時計を合わせた。
  시간이 맞지 않아서 시계를 맞췄다.

7 時計をセットする

- 仕事がある日は、朝7時に目覚まし時計をセットする。
  일이 있는 날은 아침 7시에 자명종을 맞춘다.

8 時計が鳴る

- 時計が鳴って、12時を知らせた。
  시계가 울려서 12시를 알렸다.

電話(でんわ)

전화

N5

1. を かける(II) / する(III)
   ~를 걸다, 하다
2. が かかる(I)
   ~가 걸리다
3. を 切(き)る(I)
   ~를 끊다
4. が 鳴(な)る(I)
   ~가 울리다
5. に 出(で)る(II)
   ~를 받다
6. を 取(と)る(I)
   ~를 받다
7. が 切(き)れる(II)
   ~가 끊어지다
8. が ある(I)
   ~가 있다
   ↔ ない
   없다

1 **電話を{かける/する}**

- 毎週、国の家族に電話を{かけ/し}ている。
  매주 고국의 가족에게 전화를 걸고 있다.

2 **電話がかかる**

- 知らない人から、うちに電話がかかってきた。
  모르는 사람한테서 집으로 전화가 걸려 왔다.

3 **電話を切る**

- 話が終わったので、電話を切った。
  이야기가 끝나서 전화를 끊었다.

4 **電話が鳴る**

- お風呂にいて、電話が鳴ったのに気づかなかった。
  목욕탕에 있어서 전화벨이 울린 것을 몰랐다.

5 **電話に出る**

- うちに電話をしたが、だれも電話に出なかった。
  집에 전화를 했는데 아무도 전화를 안 받았다.

6 **電話を取る**

- 電話が鳴ったが、料理をしていて、電話を取ることができなかった。
  전화가 울렸지만 요리를 하고 있어서 전화를 못 받았다.

7 **電話が切れる**

- 話の途中で、電話が切れてしまった。
  통화하는 도중에 전화가 끊어져 버렸다.

★ 전화가 울리는 도중에 전화벨이 멈추는 경우에도 사용한다.

8 **電話がある**
↔ ない

- 学校から、娘がけがをしたと電話があった。
  학교에서 딸이 다쳤다는 전화가 있었다.
- 友だちは「明日電話する」と言ったのに、2日経っても電話がなかった。
  친구는 '내일 전화하겠다'고 했는데 이틀이 지나도 전화가 없었다.

★「電話が来る 전화가 오다」라는 표현도 있다.

電気(でんき)(2)

전기

N5

1. が 止(と)まる(I)
~가 끊기다

2. が 来(く)る(III)
~가 들어오다

ガス

가스

N4

3. が 出(で)る(II)
~가 나오다

4. を 止(と)める(II)
~를 끄다

5. が もれる(II)
~가 새다

水道(すいどう)

수도, 수돗물

N4

6. を 出(だ)す(I)
~을 틀다

↔ 止(と)める(II)
잠그다

7. が 出(で)る(II)
~이 나오다

1 [電気(でんき)][ガス][水道(すいどう)]が止(と)まる

- 地震(じしん)で[電気(でんき)][ガス][水道(すいどう)]が止(と)まってしまった。
  지진으로 [전기] [가스] [수도]가 끊겨 버렸다.

2 [電気(でんき)][ガス]が来(く)る

- 地震(じしん)から2週間後(しゅうかんご)に、やっと[電気(でんき)][ガス]が来(き)た。
  지진이 난 지 2주일 후에 겨우 [전기] [가스]가 들어왔다.
- 世界(せかい)には、電気(でんき)が来(き)ていない場所(ばしょ)で生活(せいかつ)している人(ひと)がいる。
  세상에는 전기가 들어오지 않는 곳에서 생활하고 있는 사람이 있다.

3 ガスが出(で)る

- コンロの火(ひ)がつかない。ガスが出(で)ていないようだ。
  가스레인지(조리용 난로)의 불이 붙지 않는다. 가스가 안 나오는 것 같다.

4 ガスを止(と)める

- 料理(りょうり)をしているとき地震(じしん)があったので、すぐにガスを止(と)めた。
  요리를 하고 있을 때 지진이 발생해서 곧바로 가스를 껐다.

5 ガスがもれる

- 嫌(いや)なにおいがする。ガスがもれているかもしれない。
  불쾌한 냄새가 난다. 가스가 새고 있을지도 모른다.

6 水道(すいどう)を出(だ)す ↔ 止(と)める

- 庭(にわ)で水道(すいどう)を出(だ)して、花(はな)に水(みず)をやった。
  정원에서 수돗물을 틀고 꽃에 물을 주었다.
- お風呂(ふろ)がいっぱいになったので、水道(すいどう)を止(と)めた。
  목욕물이 가득 차서 수돗물을 잠갔다.

★ 「水道(すいどう) 수돗물」 대신 「水(みず) 물」을 쓰기도 한다.

7 水道(すいどう)が出(で)る

- 大(おお)きな台風(たいふう)の後(あと)、水道(すいどう)が出(で)なくなった。
  큰 태풍이 온 후에 수돗물이 나오지 않게 되었다.

ごみ

쓰레기

N5

1. を 捨(す)てる (II)
~를 버리다

2. を 拾(ひろ)う (I)
~를 줍다

3. が 落(お)ちる (II)
~가 떨어지다

4. を 片(かた)づける (II)
~를 치우다

5. を 分(わ)ける (II)
~를 분리하다

6. を 出(だ)す (I)
~를 내다

7. が 出(で)る (II)
~가 나오다

8. を 集(あつ)める (II)
~를 수거하다

9. を 燃(も)やす (I)
~를 태우다

1 **ごみを捨てる**

- 床にごみを捨てたら、父に怒られた。
  바닥에 쓰레기를 버렸다가 아버지에게 혼났다.

★「捨てる 버리다」는 '쓰레기를 쓰레기통에 넣는다'는 의미도 있다.

---

2 **ごみを拾う**

- ボランティアで、みんなで海岸のごみを拾った。
  자원봉사로 다 같이 해안가 쓰레기를 주웠다.

---

3 **ごみが落ちる**

- 子どもたちが遊んだ部屋に、たくさんごみが落ちていた。
  아이들이 놀던 방에 쓰레기가 많이 떨어져 있었다.

---

4 **ごみを片づける**

- パーティーの後のごみを片づけるのは、大変だ。
  파티가 끝난 후 쓰레기를 치우는 것은 힘들다.

---

5 **ごみを分ける**

- 燃える物と燃えない物にごみを分ける。
  타는 것과 타지 않는 것으로 쓰레기를 분리한다.

---

6 **ごみを出す**

- 私のアパートは、水曜と金曜に、アパートの横にごみを出すことになっている。
  우리 아파트는 수요일과 금요일에 아파트 옆에 쓰레기를 내놓게 되어 있다.

---

7 **ごみが出る**

- 引っ越しをすると、大きなごみが出る。
  이사를 하면 대형 쓰레기가 나온다.

---

8 **ごみを集める**

- 私の町では、毎週火曜日に、燃えるごみを集めている。
  우리 동네에서는 매주 화요일에 타는 쓰레기(가연 쓰레기)를 수거하고 있다.

---

9 **ごみを燃やす**

- このごろは、庭でごみを燃やしてはいけないということになっている。
  요즘은 정원에서 쓰레기를 태워서는 안 되게 되어 있다.

확인문제

1 아래의 표를 완성하세요.

자동사	타동사	자동사	타동사
① ドアが＿＿＿＿	ドアを開(あ)ける	鍵(かぎ)がかかる	⑤ 鍵(かぎ)を＿＿＿＿
② ドアが＿＿＿＿	ドアを閉(し)める	⑥ 電話(でんわ)が＿＿＿＿	電話(でんわ)をかける
③ 電気(でんき)が＿＿＿＿	電気(でんき)をつける	風呂(ふろ)がわく	⑦ 風呂(ふろ)を＿＿＿＿
④ 電気(でんき)が＿＿＿＿	電気(でんき)を消(け)す	⑧ ガスが＿＿＿＿	ガスを止(と)める

2 왼쪽과 오른쪽이 반대말이 되도록 [　　] 에서 적당한 말을 모두 골라 [　] 안에 넣으세요.

上(あ)がる	開(あ)ける	下(お)りる	切(き)る	閉(し)める	上(のぼ)る	消(け)す	出(だ)す
入(い)れる	かける	止(と)める	つける				

① 階段(かいだん)を [　　　　　] ↔ [　　　　　]

② エアコンを [　　　　　] ↔ [　　　　　]

③ スイッチを [　　　　　] ↔ [　　　　　]

④ 水道(すいどう)を [　　　　　] ↔ [　　　　　]

⑤ 鍵(かぎ)を [　　　　　] ↔ [　　　　　]

3 잘못된 표현에 ×표 하세요.

① トイレに行(い)く	トイレを出(だ)す	トイレを借(か)りる	トイレを流(なが)す
② 電気(でんき)が出(で)る	電気(でんき)が来(く)る	電気(でんき)が止(と)まる	電気(でんき)がもれる
③ ガスが出(で)る	ガスが開(ひら)く	ガスが止(と)まる	ガスがもれる
④ ごみが出(で)る	ごみが落(お)ちる	ごみを集(あつ)める	ごみをつなぐ

4 올바른 문장이 되도록 왼쪽과 오른쪽의 말을 선으로 연결하세요.

① 国にいる家族に電話を ・ ・出た。

② 電話が鳴ったので、電話を ・ ・切れた。

③ だれもいなかったので、私が電話に ・ ・した。

④ 友だちと電話で話していたら、途中で ・ ・取った。

5 { }에서 올바른 쪽을 골라 ○표 하세요.

① この時計は { 遅い 遅れている }。

② 寒い日は、帰ったらすぐ家の風呂に { 行きたい 入りたい }。

③ 大学に入ったので、大学の近くに部屋を { 借りた 取った }。

④ 部屋が暑すぎて、エアコンがなかなか { 効かない 働かない }。

6 [ ]에서 단어를 골라 적당한 형태로 바꿔서 [ ] 안에 넣으세요. 각 단어는 한 번밖에 고를 수 없습니다.

ある	きる	なる	あわせる	セットする

先週、夜に友だちから「明日映画に行こう」と電話が［① ］た。見たい映画だったので行く約束をして、電話を［② ］た。寝る前、目覚まし時計が止まっていたので、電池を入れ替えて時間を［③ ］て、次の朝7時に起きるように［④ ］た。でも、次の日、なぜか8時に時計が［⑤ ］て、約束に遅れてしまった。

7 ( )에 들어갈 말은 무엇입니까? 1~4에서 가장 알맞은 것을 고르세요.

① ごみをごみ箱に（ ）。

1 捨てた　2 出した　3 拾った　4 片づけた

② このアパートは、階段が（ ）。

1 高い　2 ゆるい　3 上だ　4 急だ

③ 古い電気が（ ）、つかなくなった。

1 取れて　2 切れて　3 折れて　4 破れて

18~21

4 交通(こうつう)

교통

車(くるま) N5
차

自動車(じどうしゃ) N5
자동차

1. を 運転(うんてん)する(III)
   ~를 운전하다
2. が 止(と)まる(I)
   ~가 서다
3. を 止(と)める(II)
   ~를 세우다
4. を ぶつける(II)
   ~를 부딪치다
5. に ひかれる(II)
   ~에 치이다

タクシー
택시
N5

6. を 呼(よ)ぶ(I)
   ~를 부르다
7. を 拾(ひろ)う(I)
   ~를 잡다
8. を 止(と)める(II)
   ~를 세우다

1 [{車／自動車}] [タクシー] を運転する

- お酒を飲んだら、{車／自動車}を運転してはいけない。
  술을 마시면 {차/자동차}를 운전해서는 안 된다.
- 父は、仕事でタクシーを運転している。
  아버지는 직업으로 택시를 운전하고 있다.

2 [{車／自動車}] [タクシー]が止まる

- 家の前に、誰かの{車／自動車}が止まっている。
  집 앞에 누군가의 {차/자동차}가 서 있다.
- 駅の前でタクシーが止まった。
  역 앞에서 택시가 섰다.

3 [{車／自動車}] [タクシー]を止める

- 駐車場に{車／自動車}を止めて、店に入った。
  주차장에 {차/자동차}를 세우고 가게에 들어갔다.
- 運転手は、交差点の前でタクシーを止めた。
  운전기사는 교차로 앞에서 택시를 세웠다.

4 {車／自動車} をぶつける

- 駐車場の壁に{車／自動車}をぶつけてしまった。
  주차장 벽에 {차/자동차}를 부딪히고 말았다.

5 [{車／自動車}] [タクシー] にひかれる

- 弟が[{車／自動車}] [タクシー]にひかれて、大けがをした。
  남동생이 [{차/자동차}] [택시]에 치여서 크게 다쳤다.

6 タクシーを呼ぶ

- お客さんが帰るので、電話でタクシーを呼んだ。
  손님이 돌아가므로 전화로 택시를 불렀다.

7 タクシーを拾う

- 夜遅いし、雨も降ってきたから、タクシーを拾って帰ろう。
  밤도 늦었고 비도 오니까 택시를 잡아서 돌아가자.

8 タクシーを止める

- 交差点でタクシーを止めて、乗った。
  교차로에서 택시를 세우고 탔다.

★ 여기서「止める 세우다」는 택시를 운전하는 사람 이외의 사람이 달려오고 있는 택시를 세운다는 의미로서 **3**과는 다른 뜻이다.

自転車(じてんしゃ)
자전거
N5

1 を こぐ(I)
(자전거 페달)을 밟다

2 を 止(と)める(II)
(자전거 페달)을 밟다
~를 세우다

3 を 押(お)す(I)
~를 밀다

4 に またがる(I)
~에 올라타다

ルール
규칙
N1

5 が ある(I)
~이 있다
↔ ない
없다

6 を 守(まも)る(I)
~을 지키다
↔ 破(やぶ)る(I)
어기다

7 が できる(II)
~이 생기다

8 が 厳(きび)しい
~이 엄격하다

1 **自転車(じてんしゃ)をこぐ**

- 坂道(さかみち)を上(のぼ)るときは、力(ちから)を入(い)れて自転車(じてんしゃ)をこぐ。
  언덕길을 올라갈 때는 힘을 주어 자전거 페달을 밟는다.

2 **自転車(じてんしゃ)を止(と)める**

- a. 犬(いぬ)が走(はし)って来(き)たので、ブレーキをかけて自転車(じてんしゃ)を止(と)めた。
  개가 달려와서 브레이크를 걸고 자전거를 세웠다.
- b. 公園(こうえん)に自転車(じてんしゃ)を止(と)めて、散歩(さんぽ)をした。
  공원에 자전거를 세우고 산책을 했다.

3 **自転車(じてんしゃ)を押(お)す**

- 坂道(さかみち)で自転車(じてんしゃ)を押(お)して歩(ある)いた。
  비탈길에서 자전거를 밀며 걸었다.

4 **自転車(じてんしゃ)にまたがる**

- スカートよりズボンの方(ほう)が、自転車(じてんしゃ)にまたがりやすい。
  치마보다 바지가 자전거에 올라타기 쉽다.

5 **ルールがある**
↔ ない

- 道路(どうろ)には、いろいろな交通(こうつう)のルールがある。
  도로에는 여러 가지 교통 규칙이 있다.
- 道(みち)を歩(ある)く人(ひと)にはルールがないと思(おも)っていたが、いろいろあって驚(おどろ)いた。
  길을 걷는 사람에게는 (교통) 규칙이 없다고 생각했는데 여러 가지가 있어서 놀랐다.

6 **ルールを守(まも)る**
↔ 破(やぶ)る

- 道路(どうろ)では、人(ひと)も車(くるま)も交通(こうつう)ルールを守(まも)らなければならない。
  도로에서는 사람도 차도 교통 규칙을 지키지 않으면 안 된다.
- 交通(こうつう)ルールを破(やぶ)って、警官(けいかん)から注意(ちゅうい)された。
  교통 규칙을 어겨서 경찰한테 주의를 받았다.

7 **ルールができる**

- 今年(ことし)、オートバイのための新(あたら)しいルールができた。
  올해 오토바이를 위한 새로운 규칙이 생겼다.

8 **ルールが厳(きび)しい**

- 車(くるま)の運転(うんてん)は、安全(あんぜん)のためのルールが厳(きび)しい。
  자동차 운전은 안전을 위한 규칙이 엄격하다.

電車(でんしゃ)

전철

N5

1. を 乗(の)り換(か)える(II)
   ~을 갈아타다

2. に 間(ま)に合(あ)う(I)
   ~시간에 맞다

3. に 乗(の)り遅(おく)れる(II)
   ~을 놓치다

4. が 止(と)まる(I)
   ~이 서다

5. が 遅(おく)れる(II)
   ~이 늦어지다

6. が 混(こ)む(I)
   ~이 붐비다

7. が 出(で)る(II)
   ~이 출발하다

8. が ない
   ~이 없다(끊기다)

1 **電車を乗り換える**

- 「銀座へ行くなら、次の駅で電車を乗り換えてください。」
  "긴자에 가려면 다음 역에서 전철을 갈아타세요."

★ 「電車{を／から}バスに乗り換える 전철{을/에서} 버스로 갈아타다」라는 표현도 있다.

예) 新宿駅で電車からバスに乗り換えて、友だちのうちへ行った。
신주쿠역에서 전철에서 버스로 갈아타고 친구 집에 갔다.

---

2 **電車に間に合う**

- 走って行けば、8時の電車に間に合うだろう。
  뛰어가면 8시 기차 시간에 맞출 수 있을 것이다.

---

3 **電車に乗り遅れる**

- 寝坊をして、電車に乗り遅れてしまった。
  늦잠을 자서 전철을 놓쳐 버렸다.

---

4 **電車が止まる**

- a. 駅のホームに電車が止まっている。
  역 승강장에 전철이 서 있다.
- b. 事故で電車が止まっているそうだ。
  사고로 전철이 멈췄다고 한다.

---

5 **電車が遅れる**

- 大雪のせいで、電車が遅れている。
  폭설로 인해 전철이 지연되고 있다.

---

6 **電車が混む**

- 朝と夕方は、電車が混む。
  아침과 저녁은 전철이 붐빈다.

---

7 **電車が出る**

- 駅に着いたら、ちょうど電車が出たところで、乗ることができなかった。
  역에 도착했는데 막 전철이 출발해서 타지 못했다.

---

8 **電車がない**

- a. 私の住んでいる所は、電車がないので、車やバスを使っている。
  내가 살고 있는 곳은 전철이 없어서 차나 버스를 이용하고 있다.
- b. 友だちと遅くまでお酒を飲んでいたら、電車がなくなってしまった。
  친구와 늦게까지 술을 마시고 있었는데 전철이 끊겨 버렸다.

道(みち)
길
N5

1
を 通(とお)る(I)
~을 지나가다

2
を 渡(わた)る(I)
~을 건너다

3
を 聞(き)く(I)
~을 묻다

4
を 教(おし)える(II)
~을 알려주다

5
を 間違(まちが)える(II)
~을 잘못 들다

6
に 迷(まよ)う(I)
~을 잃다, 헤매다

7
を 探(さが)す(I)
~을 찾다

8
が 広(ひろ)い
~이 넓다
↔ 狭(せま)い
좁다

9
が まっすぐだ
~이 곧다
↔ 曲(ま)がっている
꺾여 있다

1 道を通る

- 今日は、いつもと違う道を通って学校へ行った。
  오늘은 여느 때와 다른 길을 지나 학교에 갔다.

2 道を渡る

- 道を渡るときは、車に気をつけよう。
  길을 건널 때는 차를 조심하자.

3 道を聞く

- いろいろな人に道を聞いて、やっとホテルに着いた。
  여러 사람에게 길을 물어 겨우 호텔에 도착했다.

4 道を教える

- 旅行者に聞かれたので、道を教えてあげた。
  여행자가 물어봐서 길을 알려 주었다.

5 道を間違える

- 友だちのうちへ行く道を間違えて、知らない人のうちへ行ってしまった。
  친구의 집에 가는 길을 잘못 들어 모르는 사람 집에 가 버렸다.

6 道に迷う

- 地図がなくて、道に迷ってしまった。ここはどこだろう。
  지도가 없어서 길을 잃어버렸다. 여기가 어디지?

7 道を探す

- スマホの地図で、地下鉄の駅までの道を探した。
  스마트폰의 지도로 지하철역까지 가는 길을 찾았다.

8 道が広い
↔ 狭い

- ここは道が広くて、大きな車でも運転しやすい。
  여기는 길이 넓어서 큰 차라도 운전하기 쉽다.
- 道が狭いので、自転車を降りて押して歩いた。
  길이 좁아서 자전거를 내려 밀면서 걸었다.

9 道がまっすぐだ
↔ 曲がっている

- 道がまっすぐなので、遠くの景色がよく見える。
  길이 곧아서 멀리 있는 경치가 잘 보인다.
- 大きく道が曲がっていると、運転がしにくい。
  크게 길이 꺾여 있으면 운전하기 힘들다.

4

交通

확인문제

1 (　)에 왼쪽 말의 반대말을 넣으세요.

① ルールを守(まも)る　↔　ルールを（　　　　　　　　）

② ルールがない　↔　ルールが（　　　　　　　　）

③ 道(みち)が狭(せま)い　↔　道(みち)が（　　　　　　　　）

④ 道(みち)が曲(ま)がっている　↔　道(みち)が（　　　　　　　　）

2 '~이/가 멈추다'의 형태가 되는 말을 모두 찾아 ○표 하세요.

ルール	タクシー	電車(でんしゃ)	自動車(じどうしゃ)	道(みち)

3 함께 쓸 수 있는 말을 [　]에서 모두 골라 ○표 하세요.

① 道(みち)を　[探(さが)す　見(み)つかる　渡(わた)す　通(とお)る]

② 自転車(じてんしゃ)を　[止(と)める　こぐ　乗(の)る　押(お)す]

③ 電車(でんしゃ)が　[降(お)りる　遅(おく)れる　乗(の)る　混(こ)む]

④ タクシーを [呼(よ)ぶ　聞(き)く　できる　運転(うんてん)する]

4 밑줄 친 부분이 맞으면 ○표 하고 틀리면 알맞게 고쳐서 (　)에 넣으세요.

① 向(む)こうから来(き)たタクシーを<u>止(と)めて</u>（→　　　　　　　）、乗(の)った。

② 駅(えき)に着(つ)いたら、電車(でんしゃ)はもう<u>出(だ)して</u>（→　　　　　　　）いた。

③ 駅(えき)へ行(い)く道(みち)がわからなかったので、歩(ある)いている人(ひと)に<u>教(おし)えられて</u>（→　　　　　　　）もらった。

④ 道(みち)が<u>細(こま)かくて</u>（→　　　　　　　）、自転車(じてんしゃ)に乗(の)るのも難(むずか)しかった。

5 { }에서 올바른 쪽을 골라 ○표 하세요.

① 安全運転(あんぜんうんてん)のためのルールが { 厳(きび)しくて　　まじめで }、大変(たいへん)だ。

② ホテルに戻(もど)ろうとしたら、道(みち)に { 迷(まよ)って　　困(こま)って } しまった。

③ ペットの犬(いぬ)が、車(くるま)に { ひかれて　　倒(たお)れて } しまった。

④ 小(ちい)さい子(こ)どもが自転車(じてんしゃ)に { またがる　　止(と)める } のは、難(むずか)しいようだ。

6 ☐에서 단어를 골라 적당한 형태로 바꿔서 [ ] 안에 넣으세요. 각 단어는 한 번밖에 고를 수 없습니다.

こぐ	きく	ひろう	まちがえる	のりおくれる

入学試験(にゅうがくしけん)の日(ひ)の朝(あさ)、電車(でんしゃ)に [①　　　　　] たので、タクシーを [②　　　　　] て、大学(だいがく)へ行(い)くことにした。でも、道(みち)が混(こ)んでいて、自転車(じてんしゃ)を [③　　　　　] でいる人(ひと)のほうが速(はや)く進(すす)んでいた。そのうえ、運転手(うんてんしゅ)が道(みち)を [④　　　　　] てしまった。もう走(はし)った方(ほう)が早(はや)いと思(おも)って、タクシーを降(お)りて、いろいろな人(ひと)に道(みち)を [⑤　　　　　] ながらやっと大学(だいがく)に着(つ)いた。でも、もう試験(しけん)は始(はじ)まっていた。

7 ( )에 들어갈 말은 무엇입니까? 1~4에서 가장 알맞은 것을 고르세요.

①「東京駅(とうきょうえき)に行(い)くなら、この駅(えき)で電車(でんしゃ)を（　　）といいですよ。」

1 乗(の)り換(か)える　　2 押(お)す　　3 変(か)える　　4 出(だ)す

②「車(くるま)は、向(む)こうの駐車場(ちゅうしゃじょう)に（　　）ください。」

1 止(と)めて　　2 ぶつけて　　3 運転(うんてん)して　　4 押(お)して

③ 夜遅(よるおそ)くまで仕事(しごと)をしていたら、電車(でんしゃ)が（　　）しまったので、その日(ひ)はホテルに泊(と)まった。

1 混(こ)んで　　2 迷(まよ)って　　3 倒(たお)れて　　4 なくなって

22~26

5 学校(がっこう)

학교

学校(がっこう)
학교
N5

1

に 入(はい)る (I)
入学(にゅうがく)する (III)
~에 들어가다, 입학하다

↕

を 出(で)る (II)
卒業(そつぎょう)する (III)
~를 나오다, ~를 졸업하다

2

に 通(かよ)う (I)
通学(つうがく)する (III)
~에 다니다, 통학하다

3

を 休(やす)む (I)
欠席(けっせき)する (III)
~를 쉬다, 결석하다

4

を サボる (I)
~를 빼먹다

5

を やめる (II)
退学(たいがく)する (III)
~를 그만두다, 퇴학하다

6

に 進(すす)む (I)
進学(しんがく)する (III)
~에 가다, 진학하다

「小学校(しょうがっこう) 초등학교, 中学校(ちゅうがっこう) 중학교, 高校(こうこう) 고등학교, 大学(だいがく) 대학」 및 기타 학교에 사용한다.

1 学校(がっこう)に{入(はい)る／入学(にゅうがく)する}
↕
学校(がっこう)を{出(で)る／卒業(そつぎょう)する}

- 息子(むすこ)は、来年(らいねん)、小学校(しょうがっこう)に{入(はい)る／入学(にゅうがく)する}。
  아들은 내년에 초등학교에 {들어간다/입학한다}.
- 学校(がっこう)を{出(で)／卒業(そつぎょう)し}たら、外国(がいこく)で働(はたら)きたい。
  학교를 {나오면/졸업하면} 외국에서 일하고 싶다.

---

2 学校(がっこう)に{通(かよ)う／通学(つうがく)する}

- バスで学校(がっこう)に{通(かよ)っ／通学(つうがく)し}ている。
  버스로 학교에 {다니고/통학하고} 있다.

---

3 学校(がっこう)を{休(やす)む／欠席(けっせき)する}

- 病気(びょうき)で１週間(いっしゅうかん)、学校(がっこう)を{休(やす)んだ／欠席(けっせき)した}。
  병으로 1주일간 학교를 {쉬었다/결석했다}.

---

4 学校(がっこう)をサボる

- 勉強(べんきょう)がつまらないので、学校(がっこう)をサボって映画(えいが)を見(み)に行(い)った。
  공부가 지루해서 학교를 빼먹고 영화를 보러 갔다.

---

5 学校(がっこう)を{やめる／退学(たいがく)する}

- 家(いえ)の都合(つごう)で、学校(がっこう)を{やめ／退学(たいがく)し}て働(はたら)いた。
  집안 사정으로 학교를 {그만두고/퇴학(자퇴)하고} 일했다.

---

6 学校(がっこう)に{進(すす)む／進学(しんがく)する}

- 私(わたし)は今(いま)、高校(こうこう)３年生(ねんせい)で、来年大学(らいねんだいがく)に{進(すす)む／進学(しんがく)する}。
  나는 지금 고등학교 3학년이고 내년에 대학교에 {간다/진학한다}.

授業(じゅぎょう)

수업

N5

1

が ある(I)
~이 있다

↔ ない
없다

2

を 休(やす)む(I)
欠席(けっせき)する(III)
~을 쉬다, 결석하다

↕

に 出(で)る(II)
出席(しゅっせき)する(III)
~에 나가다, ~에 출석하다

3

を サボる(I)
~을 빼먹다

4

を 受(う)ける(II)
~을 받다

5

を 取(と)る(I)
~을 듣다

6

を する(III)
~을 하다

「授業(じゅぎょう) 수업」은 대학에서는 「講義(こうぎ) 강의」라고도 한다.

1 授業(じゅぎょう)がある

↔ ない

- 私(わたし)は、一日(いちにち)に5つ(いつつ)授業(じゅぎょう)がある。
  나는 하루에 다섯 개 수업이 있다.
- 授業(じゅぎょう)がない日(ひ)は、アルバイトをしている。
  수업이 없는 날은 아르바이트를 하고 있다.

---

2 授業(じゅぎょう)を{休(やす)む／欠席(けっせき)する}

↕

授業(じゅぎょう)に{出(で)る／出席(しゅっせき)する}

- 授業(じゅぎょう)を{休(やす)んだ／欠席(けっせき)した}ので、友(とも)だちにノートを見(み)せてもらった。
  수업을 {쉬어서/결석해서} 친구가 노트를 보여 주었다.
- 最近(さいきん)、友(とも)だちはアルバイトばかりして、授業(じゅぎょう)に{出(で)／出席(しゅっせき)し}なくなった。
  최근에 친구는 아르바이트만 하고 수업에 {나오지/출석하지} 않게 되었다.

---

3 授業(じゅぎょう)をサボる

- 友(とも)だちは、よく授業(じゅぎょう)をサボって遊(あそ)びに行(い)っている。
  친구는 자주 수업을 빼먹고 놀러 갔다.

---

4 授業(じゅぎょう)を受(う)ける

- 学校(がっこう)で、週(しゅう)に25時間(じかん)授業(じゅぎょう)を受(う)けている。
  학교에서 일주일에 25시간 수업을 받고 있다.

---

5 授業(じゅぎょう)を取(と)る

- 絵(え)が好(す)きなので、美術(びじゅつ)の授業(じゅぎょう)を取(と)っている。
  그림을 좋아해서 미술 수업을 듣고 있다.

★「取(と)る」는 여러 가지 수업에서 골라 듣는다는 뜻이다.

---

6 授業(じゅぎょう)をする

- 田中先生(たなかせんせい)は、毎日(まいにち)3つ(みっつ)のクラスで授業(じゅぎょう)をしている。
  다나카 선생님은 매일 3개의 반에서 수업을 하고 있다.

1

を 開く(I)
(ひら)
~을 펴다

↔ 閉じる(II)
(と)
덮다

2

を めくる(I)
~을 넘기다

本
(ほん)
책
N5

ノート
공책, 노트
N5

3

を 取る(I)
(と)
~에 필기하다

4

が ある(I)
~가 있다

↔ ない
없다

宿題
(しゅくだい)
숙제
N5

5

を する(III)
やる(I)
~를 하다
~를 해치우다

6

が 出る(II)
(で)
~가 나오다

7

を 出す(I)
(だ)
~를 내다

8

を 忘れる(II)
(わす)
~를 잊다

1 [本][ノート]を開く ↔ 閉じる

- 授業の最初に、[本][ノート]を開いた。
  수업 시작할 때 [책] [공책]을 폈다.
- 授業が終わったので、[本][ノート]を閉じた。
  수업이 끝나서 [책] [공책]을 덮었다.

2 [本][ノート]をめくる

- 図書館の中は静かで、本をめくる音だけが聞こえる。
  도서관 안은 조용하고 책장 넘기는 소리만 들린다.
- ノートをめくって、昨日授業でやったところを見た。
  공책을 넘겨서 어제 수업에서 했던 부분을 보았다.

★「ページをめくる 책장을 넘기다」라는 표현도 있다.

3 ノートを取る

- 授業中ノートを取らないと、内容を忘れてしまう。
  수업 중에 공책에 필기하지 않으면 내용을 잊어버린다.

4 宿題がある ↔ ない

- 私の学校は夏休み、冬休みは宿題があるが、春休みはない。
  우리 학교는 여름 방학과 겨울 방학에는 숙제가 있지만 봄 방학에는 없다.

5 宿題を{する／やる}

- 学校から帰ったら、すぐ宿題を{する／やる}。
  학교에서 돌아오면 바로 숙제를 {한다/해치운다}.

6 宿題が出る

- 今日は1つも宿題が出なかったので、たくさん遊べる。
  오늘은 하나도 숙제가 나오지 않아서 실컷 놀 수 있다.

7 宿題を出す

- a. 先生は、いつも私たちにたくさん宿題を出す。
  선생님은 항상 우리에게 많은 숙제를 내주신다.
- b. 先生に、やってきた宿題を出した。
  선생님께 해 온 숙제를 냈다.

8 宿題を忘れる

- 宿題を忘れて、先生に注意された。
  숙제를 깜박해서 선생님께 주의를 받았다.

★ '숙제 하는 것을 잊다'와 '이미 한 숙제를 가져오는 것을 잊다'라는 두 가지 의미가 있다.

試験(しけん) N4
시험

テスト N5
테스트

1

が ある (I)
~이/가 있다)

↔ ない
없다

2

を 受(う)ける (II)
~을/를 보다

3

に 合格(ごうかく)する (III)
受(う)かる (I)
~에 합격하다, 붙다

↔ 落(お)ちる (II)
떨어지다

4

を する (III)
行(おこな)う (I)
~을/를 하다,
실시하다

問題(もんだい)
문제
N5

5

が 出(で)る (II)
~가 나오다

6

を 出(だ)す (I)
~를 내다

7

を やる (I)
~를 풀다

1 {試験(しけん)／テスト}がある ↔ ない

- 明日(あした)、数学(すうがく)の{試験(しけん)／テスト}がある。
  내일 수학 {시험/테스트}이/가 있다.
- 大学(だいがく)には、入学試験(にゅうがくしけん)がないところもある。
  대학에 따라 입학시험이 없는 곳도 있다.

★ 「試験(しけん) 시험」은 「テスト 테스트」보다 규모가 큰 것이 많다.

2 {試験(しけん)／テスト}を受(う)ける

- 学校(がっこう)では学期(がっき)に何回(なんかい)か{試験(しけん)／テスト}を受(う)ける。
  학교에서는 학기에 몇 차례 {시험/테스트}을/를 본다.

3 {試験(しけん)／テスト}に{合格(ごうかく)する／受(う)かる} ↔ 落(お)ちる

- 入学試験(にゅうがくしけん)に{合格(ごうかく)し／受(う)かっ}て、大学(だいがく)に行(い)くことが決(き)まった。
  입학시험에 {합격해서/붙어서} 대학에 가는 것이 정해졌다.

★ 「通(とお)る 통과하다」 또는 「パスする 패스하다」라는 동사를 쓰기도 한다.
★ 입학을 위한 시험은 「入試(にゅうし) 입시」라고도 한다.

- {試験(しけん)／テスト}に落(お)ちたので、もう一度(いちど)受(う)けることにした。
  {시험/테스트}에 떨어져서 한 번 더 보기로 했다.

★ 「不合格(ふごうかく)だった 불합격했다」, 「不合格(ふごうかく)になった 불합격됐다」라는 표현도 있다.
不合格(ふごうかく)する (×)

4 {試験(しけん)／テスト}を{する／行(おこな)う}

- 鈴木先生(すずきせんせい)は、授業(じゅぎょう)の前(まえ)にいつも漢字(かんじ)のテストを{する／行(おこな)う}。
  스즈키 선생님은 수업 전에 항상 한자 테스트를 {한다/실시한다}.

★ 「行(おこな)う 행하다」는 「する」보다 딱딱한 말투이다.

5 問題(もんだい)が出(で)る

- 教科書(きょうかしょ)で勉強(べんきょう)した中(なか)から、試験(しけん)の問題(もんだい)が出(で)た。
  교과서에서 공부한 것 중에서 시험 문제가 나왔다.

6 問題(もんだい)を出(だ)す

- 山田先生(やまだせんせい)は、いつもテストに難(むずか)しい問題(もんだい)を出(だ)す。
  야마다 선생님은 항상 시험에 어려운 문제를 낸다.

7 問題(もんだい)をやる

- 試験(しけん)の時間(じかん)が短(みじか)いので、急(いそ)いで問題(もんだい)をやった。
  시험 시간이 짧아서 서둘러 문제를 풀었다.

成績(せいせき)
성적
N3

1
が いい
~이 좋다
↔ 悪(わる)い
나쁘다

2
が 上(あ)がる(I)
~이 오르다
↔ 下(さ)がる(I)
落(お)ちる(II)
내려가다, 떨어지다

3
が 伸(の)びる(II)
~이 향상되다

4
を 取(と)る(I)
~을 받다

5
が つく(I)
~이 붙다(나오다)

6
を つける(II)
~을 매기다

7
が 出(で)る(II)
~이 나오다

8
を 出(だ)す(I)
~을 내다

「テスト 테스트」 등의 점수에도 사용한다.

1 **成績**がいい
↔ 悪い

- テストは難しかったが、思ったより成績が良かった。
  시험은 어려웠지만 생각보다 성적이 좋았다.
- この学期はあまり勉強しなかったので、成績が悪かった。
  이번 학기는 별로 공부하지 않아서 성적이 나빴다.

---

2 **成績**が上がる
↔ {下がる／落ちる}

- この学期は、前の学期より成績が上がってうれしかった。
  이번 학기는 지난 학기보다 성적이 올라서 기뻤다.
- 去年より成績が {下がっ／落ち} てしまった。
  작년보다 성적이 {내려가고/떨어지고} 말았다.

★「アップする 업되다 ↔ ダウンする 다운되다」라는 동사를 쓰기도 한다.

---

3 **成績**が伸びる

- がんばって勉強したら、だんだん成績が伸びてきた。
  열심히 공부했더니 점점 성적이 향상되었다.

---

4 ～**成績**を取る

- 努力したおかげで、いい成績を取ることができた。
  노력한 덕분에 좋은 성적을 받을 수 있었다.

---

5 **成績**がつく

- テストが良かったので、今学期は成績がつくのが楽しみだ。
  시험이 좋았기 때문에 이번 학기는 성적이 나오는 것이 기대된다.

---

6 **成績**をつける

- 先生は、学期の最後に学生の成績をつける。
  선생님은 학기 마지막에 학생의 성적을 매긴다.

---

7 **成績**が出る

- テストが終わって１週間後に、成績が出た。
  시험이 끝나고 1주일 후에 성적이 나왔다.

---

8 **成績**を出す

- 先生は、出席日数もみて成績を出す。
  선생님은 출석 일수도 보고 성적을 낸다.

5

学校

확인문제

1 ( )에 조사를 넣고 오른쪽 ____에는 밑줄 친 부분과 같은 의미가 되는 말을 넣으세요. 오른쪽 ____에 들어갈 단어는 제시된 히라가나로 시작하세요.

① 学校（　　）入学する ＝ は____________
② 学校（　　）進学する ＝ す____________
③ 学校（　　）通学する ＝ か____________
④ 学校（　　）卒業する ＝ で____________
⑤ 学校（　　）退学する ＝ や____________
⑥ 授業（　　）出席する ＝ で____________
⑦ {授業／学校}（　　）欠席する ＝ や____________
⑧ 試験（　　）合格する ＝ う____________

2 함께 쓸 수 있는 말을 [ ]에서 모두 골라 ○표 하세요.

① 先生が［ 授業　宿題　試験　問題　成績 ］をする。
② 生徒が［ 授業　宿題　試験　問題　成績 ］を受ける。
③ 先生が［ 授業　宿題　試験　問題　成績 ］を出す。
④ 生徒が［ 宿題　問題　成績 ］をやる。
⑤ 先生が［ 授業　問題　成績 ］をつける。

3 { }에서 올바른 쪽을 골라 ○표 하세요.

① この前のテストで、いい成績を { 出た　取った }。
② 今日、先週のテストの成績が { 出た　取れた }。
③ この学期は、前の学期より成績が { 上がった　高くなった }。
④ 一生懸命勉強したら、だんだん成績が { 伸びて　進んで } きた。

4 올바른 문장이 되도록 왼쪽과 오른쪽의 말을 선으로 연결하세요.

① 昨日、英語のテストが ・	・サボった。
② テストでとても難しい問題が ・	・なかった。
③ 友だちは、数学が嫌で授業を ・	・あった。
④ 大学で、自分の好きな授業を ・	・出た。
⑤ 授業が終わったので、本を ・	・閉じた。
⑥ 昨日は、大学のイベントで授業が ・	・取った。

5 □에서 단어를 골라 적당한 형태로 바꿔서 [ ] 안에 넣으세요. 각 단어는 한 번밖에 고를 수 없습니다.

ある	つく	でる	だす	めくる	ひらく

今日、宿題が［① 　　　　］のをすっかり忘れて遊んでいたら、夜遅く、友だちから電話で「たくさん宿題が［② 　　　　］ているよ。」と言われた。あわててメモを見たら、本当にたくさんで驚いた。すぐに本とノートを［③ 　　　　］て、すごいスピードで［④ 　　　　］ながら、宿題をしていった。悪い成績が［⑤ 　　　　］のが嫌なので、がんばった。そして、次の日、ちゃんと宿題を［⑥ 　　　　］ことができた。

6 ( )에 들어갈 말은 무엇입니까? 1~4에서 가장 알맞은 것을 고르세요.

① 授業中、ノートを（　　）ながら、先生の話を聞いた。

1 し　　2 メモし　　3 取り　　4 表し

② 今学期は、前の学期より成績が（　　）しまった。

1 押して　　2 引いて　　3 下りて　　4 落ちて

③ 入学試験に（　　）ので、来年もう一度受けることにした。

1 落ちた　　2 下がった　　3 ダウンした　　4 不合格した

27~29

6 仕事(しごと)

일

仕事(しごと)

일

N5

1. を する(III)
   ~을 하다
2. が ある(I)
   ~이 있다
   ↔ ない
   없다
3. を 休(やす)む(I)
   ~을 쉬다
4. を やめる(II)
   ~을 그만두다
5. を 変(か)える(II)
   ~을 바꾸다
6. を 探(さが)す(I)
   ~을 찾다
7. を 見(み)つける(II)
   ~을 구하다, 찾아내다
8. が 見(み)つかる(I)
   ~이 구해지다
9. が 決(き)まる(I)
   ~이 결정되다
10. に つく(I)
    (직업을) 가지다

10을 제외한 나머지는 아르바이트에도 사용한다.

1 仕事(しごと)をする

- 毎日(まいにち)、午前(ごぜん)9時(じ)から午後(ごご)6時(じ)まで仕事(しごと)をしている。

  매일 오전 9시부터 오후 6시까지 일을 하고 있다.

2 仕事(しごと)がある ↔ ない

- 私(わたし)も夫(おっと)も仕事(しごと)があるので、家事(かじ)は二人(ふたり)で分(わ)けてやっている。

  나도 남편도 일을 하고 있어서 집안일은 둘이서 나누어 하고 있다.

- 今(いま)、仕事(しごと)がないので、あまりお金(かね)を使(つか)えない。

  지금 일이 없기 때문에 별로 돈을 쓸 수 없다.

3 仕事(しごと)を休(やす)む

- ひどいかぜをひいて、仕事(しごと)を休(やす)んだ。

  심한 감기에 걸려서 일을 쉬었다.

4 仕事(しごと)をやめる

- 留学(りゅうがく)して勉強(べんきょう)したかったので、5年続(ねんつづ)けた仕事(しごと)をやめた。

  유학 가서 공부하고 싶어서 5년 동안 계속하던 일을 그만두었다.

5 仕事(しごと)を変(か)える

- 自分(じぶん)に合(あ)わないと思(おも)うので、仕事(しごと)を変(か)えて、別(べつ)の仕事(しごと)をしたい。

  나에게 맞지 않는다는 생각이 들어서 직업을 바꾸고 다른 일을 하고 싶다.

6 仕事(しごと)を探(さが)す

- 最近(さいきん)は、いろいろな方法(ほうほう)で仕事(しごと)を探(さが)すことができる。

  요즘은 여러 가지 방법으로 일을 찾을 수 있다.

7 仕事(しごと)を見(み)つける

- インターネットでいい仕事(しごと)を見(み)つけて、面接(めんせつ)に行(い)った。

  인터넷에서 좋은 일자리를 찾아서 면접을 보러 갔다.

8 仕事(しごと)が見(み)つかる

- いろいろ探(さが)しているが、なかなか自分(じぶん)に合(あ)う仕事(しごと)が見(み)つからない。

  여러 가지로 찾고 있지만 좀처럼 나에게 맞는 일이 구해지지 않는다.

9 仕事(しごと)が決(き)まる

- 面接(めんせつ)に合格(ごうかく)して、仕事(しごと)が決(き)まった。来週(らいしゅう)から働(はたら)く予定(よてい)だ。

  면접에 합격해서 일(직장)이 결정되었다. 다음 주부터 일할 예정이다.

10 仕事(しごと)につく

- 4月(しがつ)に入社(にゅうしゃ)して、5月(がつ)から仕事(しごと)につくことになっている。

  4월에 입사해서 5월부터 근무하게 되었다.

会社(かいしゃ)
회사
N5

1
に 入る(はいる) (I)
~에 들어가다

2
に 勤める(つとめる) (II)
~에 근무하다

3
で 働く(はたらく) (I)
~에서 일하다

4
を 休む(やすむ) (I)
~를 쉬다

5
を やめる (II)
~를 그만두다

6
を リストラされる (II)
~에서 정리 해고당하다

7
が つぶれる (II)
~가 망하다

1~4는 회사 이외의 다른 업무 장소(학교, 병원, 호텔 등) 또는 회사 이름에도 사용된다.

1 会社に入る(かいしゃ はい)

- 今年(ことし)の春(はる)、若(わか)い社員(しゃいん)が20人(にん)会社(かいしゃ)に入(はい)った。

  올해 봄 젊은 사원 20명이 회사에 들어왔다.

★「入社(にゅうしゃ)する 입사하다」라고도 한다.

---

2 会社に勤める(かいしゃ つと)

- 姉(あね)は、大学(だいがく)を出(で)て3年留学(ねんりゅうがく)した後(あと)、会社(かいしゃ)に勤(つと)めた。

  언니(누나)는 대학을 나와 3년 유학한 뒤 회사에 근무했다.

---

3 会社で働く(かいしゃ はたら)

- 兄(あに)は、エンジニアとして自動車(じどうしゃ)の会社(かいしゃ)で働(はたら)いている。

  오빠는(형은) 엔지니어로 자동차 회사에서 일하고 있다.

---

4 会社を休む(かいしゃ やす)

- 子(こ)どもが生(う)まれたとき、1年間会社(ねんかんかいしゃ)を休(やす)んだ。

  아이가 태어났을 때 1년간 회사를 쉬었다.

---

5 会社をやめる(かいしゃ)

- 友(とも)だちは、10年勤(ねんつと)めた会社(かいしゃ)をやめて、自分(じぶん)の会社(かいしゃ)を作(つく)った。

  친구는 10년간 다니던 회사를 그만두고 자기 회사를 차렸다.

---

6 会社をリストラされる(かいしゃ)

- 会社(かいしゃ)をリストラされて、今(いま)、仕事(しごと)がない。

  회사에서 정리해고 당해서 지금 무직이다.

★「リストラする 정리해고 하다」의 수동형

★「会社(かいしゃ)をくびになる 회사에서 잘리다」라는 표현도 있다.

---

7 会社がつぶれる(かいしゃ)

- 商品(しょうひん)が全然(ぜんぜん)売(う)れなくなって、会社(かいしゃ)がつぶれてしまった。

  상품이 전혀 팔리지 않게 되어서 회사가 파산해 버렸다.

給料(きゅうりょう)

급여, 급료

N3

1. を もらう (I)
   ～를 받다

2. を 払う(はらう) (I)
   ～를 주다

3. が 出る(でる) (II)
   ～가 나오다

4. が 入る(はいる) (I)
   ～가 들어오다

5. が 上がる(あがる) (I)
   ～가 오르다
   ↔ 下がる(さがる) (I)
   내리다

6. が 高い(たかい)
   ～가 높다
   ↔ 安い(やすい)
   低い(ひくい)
   적다, 낮다

7. が 多い(おおい)
   ～가 많다
   ↔ 少ない(すくない)
   적다

8. が いい
   ～가 좋다
   ↔ 悪い(わるい)
   나쁘다

1 給料をもらう

- 1か月に20万円給料をもらっている。
  한 달에 20만 엔 급여를 받고 있다.

2 給料を払う

- 経営が悪くなって、会社は社員に給料を払えなくなった。
  경영이 악화되어 회사는 사원에게 급여를 줄 수 없게 되었다.

3 給料が出る

- うちの会社は、毎月15日に給料が出る。
  우리 회사는 매달 15일에 급여가 나온다.

4 給料が入る

- 今日は給料が入ったから、帰りに友だちとおいしいものを食べに行こう。
  오늘은 급여가 들어왔으니 귀갓길에 친구와 맛있는 것을 먹으러 가자.

5 給料が上がる
↔ 下がる

- 去年よりも5000円給料が上がって、喜んでいる。
  작년보다도 5000엔 급여가 올라서 기뻐하고 있다.
- 仕事の成績が悪くて、給料が下がってしまった。
  업무 실적이 나빠서 급여가 내려가고 말았다.

6 給料が高い
↔ {安い／低い}

- 有名な企業は、普通、給料が高い。
  유명한 기업은 보통 급여가 높다.
- 大変なのに給料が{安い／低い}仕事は、人気がない。
  힘은 드는데 급여가 {적은/낮은} 일은 인기가 없다.

7 給料が多い
↔ 少ない

- 残業をたくさんすれば給料が多くなるが、体にはよくない。
  야근을 많이 하면 급여가 많아지지만 건강에는 좋지 않다.
- 今月はアルバイトの時間が短くて、給料が少ない。
  이번 달은 아르바이트 시간이 짧아서 급여가 적다.

8 給料がいい
↔ 悪い

- 今、給料がいい仕事を探している。
  지금 급여가 괜찮은 일을 찾고 있다.
- うちの会社は給料が悪いので、すぐに人がやめてしまう。
  우리 회사는 급여가 나빠서 금방 사람이 그만둬 버린다.

6

仕事

확인문제

1 ①~③의 반대말을 넣으세요.

給料(きゅうりょう)が	① 高(たか)い ↔
	② 多(おお)い ↔
	③ 上(あ)がる ↔

2 ________에 '일'이나 '회사' 중 하나를 넣고, (   )에는 조사를 넣으세요. 두 단어가 모두 다 들어가는 경우도 있습니다.

① ____________ (   ) 決(き)まる

② ____________ (   ) 勤(つと)める

③ ____________ (   ) 働(はたら)く

④ ____________ (   ) 休(やす)む

⑤ ____________ (   ) やめる

3 올바른 문장이 되도록 왼쪽과 오른쪽의 말을 선으로 연결하세요.

① 学校(がっこう)で教師(きょうし)の仕事(しごと)を・	・入(はい)る。
② 現在(げんざい)、私(わたし)は仕事(しごと)が・	・している。
③ 毎月(まいつき)15日(にち)に給料(きゅうりょう)が・	・働(はたら)いている。
④ 今(いま)、生活(せいかつ)に十分(じゅうぶん)な給料(きゅうりょう)を・	・ある。
⑤ 姉(あね)は薬(くすり)の会社(かいしゃ)で・	・もらっている。

4 { }에서 올바른 쪽을 골라 ○표 하세요.

① 大学(だいがく)を卒業(そつぎょう)して、今年(ことし)の4月(しがつ)に会社(かいしゃ)に { 入(はい)った　ついた }。

② 5月(がつ)から仕事(しごと)に { 入(はい)る　つく } ことになっている。

③ やりたいことができなかったので、仕事(しごと)を { 出(で)た　変(か)えた }。

④ 会社(かいしゃ)を { つぶれて　リストラされて }、仕事(しごと)をなくしてしまった。

⑤ 私(わたし)の会社(かいしゃ)は、子(こ)どもが生(う)まれたら、男性(だんせい)も仕事(しごと)を { 探(さが)せる　休(やす)める }。

5 [　] 에서 단어를 골라 적당한 형태로 바꿔서 [ ] 안에 넣으세요. 각 단어는 한 번밖에 고를 수 없습니다.

いい	ない	でる	あがる	きまる	つとめる	つぶれる

今日(きょう)、給料(きゅうりょう)が［①　　　　］た。前(まえ)の会社(かいしゃ)には、10年(ねん)［②　　　　］たが、去年(きょねん)［③　　　　］てしまった。それから、いろいろな会社(かいしゃ)へ面接(めんせつ)に行(い)った。しばらく仕事(しごと)が［④　　　　］たので、生活(せいかつ)が苦(くる)しかった。でも、今年(ことし)、とうとう新(あたら)しい仕事(しごと)が［⑤　　　　］た。新(あたら)しい会社(かいしゃ)は給料(きゅうりょう)も［⑥　　　　］し、毎年給料(まいとしきゅうりょう)が［⑦　　　　］ていくので、安心(あんしん)だ。とても働(はたら)きやすいし、この会社(かいしゃ)に来(き)てよかったと思(おも)う。

6 ( )에 들어갈 말은 무엇입니까? 1~4에서 가장 알맞은 것을 고르세요.

① 仕事(しごと)をいろいろ（a　　）、いい仕事(しごと)が（b　　）。

a）1 探(さが)したら　　2 訪(たず)ねたら　　3 見(み)つけたら　　4 見(み)つかったら

b）1 発見(はっけん)した　　2 出会(であ)った　　3 見(み)つけた　　4 見(み)つかった

② 会社(かいしゃ)は、社員(しゃいん)に給料(きゅうりょう)とボーナスを（　　）いる。

1 あげて　　2 くれて　　3 払(はら)って　　4 貸(か)して

30~33

7 お金(かね)・買(か)い物(もの)

돈 쇼핑

お金(かね)(1)
돈
N5

1. が ある(I) ~이 있다
   ↔ ない 없다
2. を 払(はら)う(I) ~을 지불하다
3. を 借(か)りる(II) ~을 빌리다
   ↔ 貸(か)す(I) 빌려주다
4. を 返(かえ)す(I) ~을 갚다
5. が 足(た)りる(II) ~이 충분하다
6. を 下(お)ろす(I) ~을 찾다, 인출하다
7. を 換(か)える(II) ~을 바꾸다

1 お金がある ↔ ない

- アルバイトでもらったお金が5万円あるから、どこかへ旅行に行きたい。
  아르바이트로 받은 돈 5만 엔이 있으니까 어딘가로 여행을 가고 싶다.
- 買い物に行ったら、財布の中にお金がなかった。
  쇼핑하러 갔는데 지갑 안에 돈이 없었다.

2 お金を払う

- 本をレジへ持って行って、お金を払った。
  책을 계산대에 가지고 가서 돈을 지불했다.

★ 상대방을 언급할 때는 「～にお金を払う ~에게 돈을 지불하다」라고 한다.

예) 旅行をキャンセルして、旅行会社にお金を払った。
여행을 취소하고 여행사에 돈을 지불했다.

3 お金を借りる ↔ 貸す

- 親{に／から}お金を借りて、車を買った。
  부모님{에게/으로부터} 돈을 빌려서 자동차를 구입했다.
- 車を買うのに、親が私にお金を貸してくれた。
  차를 사는 데 부모님이 나에게 돈을 빌려주었다.

4 お金を返す

- 友だちから借りたお金を、すぐに返した。
  친구에게 빌린 돈을 곧바로 갚았다.

★ 상대방을 언급할 때는 「～にお金を返す ~에게 돈을 갚다」라고 한다.

5 お金が足りる

- レストランでお金が足りなかったので、友だちに借りた。
  레스토랑에서 돈이 부족해서 친구에게 빌렸다.

6 お金を下ろす

- 銀行{で／から} 30万円お金を下ろした。
  은행{에서/으로부터} 30만 엔을 인출했다.

★ ATM(현금자동인출기)을 사용할 때에도 쓴다.

7 お金を換える

- 銀行だけでなく、空港やホテルでもお金を換えることができる。
  은행뿐만 아니라 공항이나 호텔에서도 환전할 수 있다.

値段(ねだん)
가격
N4

1

が 高(たか)い
~이 비싸다

↔ 安(やす)い
싸다

2

が 上(あ)がる (I)
~이 오르다

↔ 下(さ)がる (I)
내리다

おつり
거스름돈
N4

3

を もらう (I)
受(う)け取(と)る (I)
~을 받다,
건네 받다

↔ 渡(わた)す (I)
건네다

4

が ある (I)
~이 있다

↔ ない
없다

1 **値段が高い**
↔ 安い

- デパートの食品は、スーパーの食品より値段が高い。
  백화점 식품은 슈퍼의 식품보다 가격이 비싸다.
- 今日はセールで、どの商品も値段が安くなっている。
  오늘은 세일을 해서 모든 상품의 가격이 저렴하다.

2 **値段が上がる**
↔ 下がる

- このごろ、野菜の値段が上がって、どの野菜も高くなった。
  요즘 채소 값이 올라서 채소가 모두 비싸졌다.
- 欲しかったパソコンの値段が下がったので、買うことにした。
  갖고 싶었던 컴퓨터의 가격이 내려서 사기로 했다.

3 **おつりを{もらう/受け取る}**
↔ 渡す

- 1200円のお菓子を買うのに、2000円出して800円おつりを{もらっ/受け取っ}た。
  1200엔짜리 과자를 사는 데 2000엔을 내고 800엔 거스름돈을 {받았다/건네 받았다}.

★ 상대방을 언급할 때는「～からおつりを{もらう/受け取る} ~로부터 거스름돈을 {받다/건네받다}」라고 한다.

예) レジの人からおつりをもらった。 계산원으로부터 거스름돈을 받았다.

- レジの人が、お客さんにおつりを渡した。
  계산원이 손님에게 거스름돈을 건넸다.

4 **おつりがある**
↔ ない

- 「この前借りた500円を返します。1000円でおつりがありますか。」「大丈夫ですよ。」
  "일전에 빌린 500엔을 갚겠습니다. 1000엔인데 거스름돈이 있어요?" "괜찮습니다."
- 「パーティーのお金は一人4000円です。おつりがないので、みなさん1000円札で用意してください。」
  "파티 참가비는 1인당 4000엔입니다. 잔돈이 없으니까 모두 1000엔짜리로 준비해 주세요."

お金(かね) (2)

돈

N5

1. が かかる (I)
   ~이 들다
2. を かける (II)
   ~을 들이다
3. を 使(つか)う (I)
   ~을 쓰다
4. を ためる (II)
   ~을 모으다
5. が たまる (I)
   ~이 모이다
6. を 出(だ)す (I)
   ~을 내다
7. が ある (I)
   ~이 있다

   ↔ ない
   없다

1 **お金(かね)がかかる**

- 留学(りゅうがく)にはお金(かね)がかかるから、まず働(はたら)いてから考(かんが)えようと思(おも)う。
  유학하려면 돈이 들기 때문에 우선 일하고 나서 생각하려고 한다.

2 **お金(かね)をかける**

- 私(わたし)の親(おや)は、子(こ)どもの教育(きょういく)にお金(かね)をかけている。
  우리 부모님은 자식 교육에 돈을 들이고 있다.

3 **お金(かね)を使(つか)う**

- 家(いえ)を建(た)てるために、たくさんお金(かね)を使(つか)った。
  집을 짓기 위해서 많은 돈을 썼다.

★ 목적을 말할 때는 조사「～に」를 쓴다.

예) 妹(いもうと)は、趣味(しゅみ)の旅行(りょこう)にお金(かね)を使(つか)っている。
여동생은 취미인 여행에 돈을 쓰고 있다.

4 **お金(かね)をためる**

- 将来結婚(しょうらいけっこん)するときのために、お金(かね)をためている。
  장래 결혼할 때를 위해서 돈을 모으고 있다.

5 **お金(かね)がたまる**

- 毎月(まいつき)きちんと貯金(ちょきん)をしたら、お金(かね)がたまっていった。
  매달 꼬박꼬박 저금을 했더니 돈이 쌓여 갔다.

6 **お金(かね)を出(だ)す**

- 留学(りゅうがく)するのに、親(おや)がお金(かね)を出(だ)してくれた。
  유학하는 데 부모님이 돈을 내주었다.

7 **お金(かね)がある**
↔ ない

- 昨日(きのう)、給料(きゅうりょう)が入(はい)ったので、今(いま)じゅうぶんお金(かね)がある。
  어제 급여가 들어왔기 때문에 지금 충분히 돈이 있다.
- 今(いま)、給料日前(きゅうりょうびまえ)で、あまりお金(かね)がない。
  지금 급여 전날이라서 별로 돈이 없다.

★「お金(かね)がある 돈이 있다 ↔ ない 없다」에는「お金持(かねも)ちだ 부자다 ↔ 貧(まず)しい 가난하다」라는 뜻도 있다.

예) お金(かね)があれば必(かなら)ず幸(しあわ)せになるとは言(い)えない。
돈이 있으면 반드시 행복해진다고는 말할 수 없다.

예) 父(ちち)は学生(がくせい)のとき、お金(かね)がなくていろいろなアルバイトをやったそうだ。 아버지는 학창 시절 돈이 없어서 여러 가지 아르바이트를 했다고 한다.

貯金(ちょきん)

저금

N3

1

が ある(I)

~이 있다

↔ ない

없다

2

を する(III)

~을 하다

3

が 多(おお)い

~이 많다

↔ 少(すく)ない

적다

4

が なくなる(I)

~이 없어지다

5

が 増(ふ)える(II)

~이 늘어(불어)나다

↔ 減(へ)る(I)

줄다

6

を 下(お)ろす(I)

~을 찾다

7

を 使(つか)う(I)

~을 쓰다

1 貯金(ちょきん)がある
↔ ない

- 今(いま)、100万円貯金(まんえんちょきん)がある。
  지금 저금이 100만 엔 있다.
- 働(はたら)き始(はじ)めたばかりなので、まだほとんど貯金(ちょきん)がない。
  일하기 시작한 지 얼마 되지 않아서 아직 거의 저금이 없다.

---

2 貯金(ちょきん)をする

- 毎月(まいつき)、給料(きゅうりょう)をもらったら、必(かなら)ず貯金(ちょきん)をしている。
  매달 월급을 받으면 반드시 저금을 하고 있다.

---

3 貯金(ちょきん)が多(おお)い
↔ 少(すく)ない

- 弟(おとうと)はまだ中学生(ちゅうがくせい)なのに、大学生(だいがくせい)の私(わたし)より貯金(ちょきん)が多(おお)い。
  남동생은 아직 중학생인데 대학생인 나보다 저금이 많다.
- まだ貯金(ちょきん)が少(すく)ないので、がんばってためている。
  아직 저금이 적어서 열심히 모으고 있다.

---

4 貯金(ちょきん)がなくなる

- 車(くるま)を買(か)ったら、貯金(ちょきん)がなくなってしまった。
  차를 샀더니 저금이 없어져 버렸다.

---

5 貯金(ちょきん)が増(ふ)える
↔ 減(へ)る

- まじめにお金(かね)をためていたら、知(し)らない間(あいだ)に貯金(ちょきん)が増(ふ)えていた。
  성실하게 돈을 모으고 있었더니 나도 모르는 사이에 저금이 늘어 있었다.
- 仕事(しごと)が見(み)つからないので、どんどん貯金(ちょきん)が減(へ)っていって心配(しんぱい)だ。
  일이 구해지지 않아 점점 저금이 줄고 있어서 걱정이다.

---

6 貯金(ちょきん)を下(お)ろす

- 引(ひ)っ越(こ)しするために、少(すこ)し貯金(ちょきん)を下(お)ろした。
  이사하기 위해 저금을 조금 찾았다.

---

7 貯金(ちょきん)を使(つか)う

- パソコンを買(か)うとき、貯金(ちょきん)を使(つか)った。
  컴퓨터를 살 때 저금을 썼다.

お金・買い物 확인문제

1 '~이/가 있다 ↔ ~이/가 없다'의 형태가 되는 단어를 모두 찾아 ○표 하세요.

お金(かね)	値段(ねだん)	おつり	貯金(ちょきん)

2 ☐에서 단어를 하나 골라 (　) 안에 넣으세요.

お金(かね)	値段(ねだん)	おつり	貯金(ちょきん)

① 1000円払(えんはら)うように言(い)われて5000円渡(えんわた)したら、「(　　　　　　)がない。」と言(い)われた。

② さいふを忘(わす)れて、(　　　　　　)がないので、買(か)い物(もの)ができなかった。

③ スーパーの野菜(やさい)は、デパートの野菜(やさい)より（　　　　　　）が安(やす)い。

④ 結婚(けっこん)の準備(じゅんび)のために、(　　　　　　)をしている。

3 ①~③은 왼쪽과 오른쪽이 반대의 의미가 되고, ④~⑤는 위와 아래가 같은 의미가 되도록 ______에 단어를 넣으세요. (　)에는 조사를 넣으세요.

① 野菜(やさい)の値段(ねだん)（　　）上(あ)がる ↔ ______________

② 貯金(ちょきん)（　　）増(ふ)える ↔ ______________

③ お金(かね)を借(か)りる　↔（借(か)りた）お金(かね)（　　）______________

④ A さんが、B さん（a.　　　　）お金(かね)を借(か)りる

　＝ B さんが、A さん（b.　　　　）お金(かね)を______________

⑤ 店員(てんいん)が、客(きゃく)（a.　　　　）おつりを______________

　＝客(きゃく)が、店員(てんいん)（b.　　　　）おつりを 受(う)け取(と)る

4 {　}에서 올바른 쪽을 골라 ○표 하세요.

① がんばって貯金(ちょきん)したら、お金(かね)が300万円(まんえん) { ためた　たまった }。

② 貯金(ちょきん)を使(つか)っていたら、どんどん { 低(ひく)く　少(すく)なく } なってきた。

③ 親(おや)に留学(りゅうがく)のお金(かね)を { 出(だ)して　かけて } もらった。

④ 姉(あね)は趣味(しゅみ)のスキーにお金(かね)を { かけて　かかって } いる。

⑤ 日本(にほん)へ来(き)たとき、銀行(ぎんこう)でお金(かね)を「円(えん)」に { 借(か)りた　換(か)えた }。

5 [　　]에서 단어를 골라 적당한 형태로 바꿔서 [　] 안에 넣으세요. 각 단어는 한 번밖에 고를 수 없습니다.

たかい　　はらう　　たりる　　つかう

スマホが壊(こわ)れたので、電気店(でんきてん)へ新(あたら)しいのを買(か)いに行(い)った。店(みせ)を探(さが)していると、いいスマホがあった。4万円用意(まんえんようい)していたが4万(まん)8000円(えん)で8000円(えん)[①　　　　　　] ない。そこで、銀行(ぎんこう)へ行(い)ってATMから引(ひ)き出(だ)した。貯金(ちょきん)を[②　　　　　　] てお金(かね)を [③　　　　　　] のは嫌(いや)だったが、とてもいいスマホだったので、どうしても欲(ほ)しかった。少(すこ)し [④　　　　　　] たけれど、買(か)ってよかったと思(おも)う。

6 (　)에 들어갈 말은 무엇입니까? 1~4에서 가장 알맞은 것을 고르세요.

① 将来(しょうらい)のために一生懸命働(いっしょうけんめいはたら)いて、お金(かね)を（　　）いる。

1 ためて　　2 払(はら)って　　3 集(あつ)めて　　4 出(だ)して

② 家(いえ)を建(た)てるのは、お金(かね)が（　　）。

1 足(た)りる　　2 かかる　　3 つける　　4 取(と)られる

③ 旅行(りょこう)のために、銀行(ぎんこう)で少(すこ)しお金(かね)を（　　）。

1 かけた　　2 入(い)れた　　3 下(お)ろした　　4 使(つか)った

8

34~40

情報(じょうほう)・通信(つうしん)

정보 · 통신

パソコン

컴퓨터, PC

N4

1

を つける(II)

~를 켜다

↔ 切(き)る(I)

끄다

2

を 開(ひら)く(I)

開(あ)ける(II)

~를 열다

↔ 閉(と)じる(II)

닫다

3

を 立(た)ち上(あ)げる(II)

~를 부팅하다(켜다)

4

を シャットダウンする(III)

~를 종료하다

5

に ログインする(III)

~에 로그인하다

6

を 打(う)つ(I)

~(자판)을 치다

7

が フリーズする(III)

固(かた)まる(I)

~가 다운되다, 멈추다

8

が 重(おも)い

~가 무겁다(느리다)

↔ 軽(かる)い

가볍다(빠르다)

1 **パソコンをつける**
↔ 切(き)る

- パソコンをつけたのに、なかなか画面(がめん)が出(で)てこない。
  컴퓨터를 켰는데 좀처럼 화면이 나오지 않는다.
- 仕事(しごと)が終(お)わったので、パソコンを切(き)った。
  일이 끝나서 컴퓨터를 껐다.

---

2 **パソコンを**
{開(ひら)く／開(あ)ける}
↔ 閉(と)じる

- パソコンを{開(ひら)い／開(あ)け}て、メールをチェックした。
  컴퓨터를 열어서 메일을 확인했다.
- 使(つか)わないときは、パソコンを閉(と)じておく。
  사용하지 않을 때는 컴퓨터를(노트북을) 닫아 둔다.

---

3 **パソコンを立(た)ち上(あ)げる**

- 会社(かいしゃ)へ行(い)ったら、まずパソコンを立(た)ち上(あ)げる。
  회사에 가면 우선 컴퓨터를 부팅한다.

---

4 **パソコンをシャットダウンする**

- 会社(かいしゃ)を出(で)るときは、必(かなら)ずパソコンをシャットダウンする。
  회사를 나올 때는 반드시 컴퓨터를 종료한다.

★「パソコンを落(お)とす 컴퓨터 전원을 끄다」라는 표현도 있다.

---

5 **パソコンにログインする**

- IDとパスワードを入力(にゅうりょく)して、パソコンにログインする。
  ID와 패스워드를 입력하여 컴퓨터에 로그인 한다.

---

6 **パソコンを打(う)つ**

- 私(わたし)は、とても速(はや)くパソコンを打(う)って書類(しょるい)を作(つく)ることができる。
  나는 아주 빠르게 컴퓨터 자판을 쳐서 서류를 작성할 수 있다.

---

7 **パソコンが**
{フリーズする／固(かた)まる}

- データが大(おお)きいファイルを開(ひら)いたら、パソコンが{フリーズし／固(かた)まっ}てしまった。
  데이터가 큰 파일을 열었더니 컴퓨터가 {다운돼/멈춰} 버렸다.

---

8 **パソコンが重(おも)い**
↔ 軽(かる)い

- 最近(さいきん)、パソコンが重(おも)くて、仕事(しごと)に困(こま)る。
  요즘 컴퓨터가 느려서 일하기 힘들다.
- データを消(け)すと、少(すこ)しパソコンが軽(かる)くなった。
  데이터를 지우자 조금 컴퓨터가 빨라졌다.

データ

데이터

N1

1 を 送る(おく)(I)
~를 보내다

2 を 保存する(ほぞん)(III)
~를 저장하다

3 を 消す(け)(I)
~를 지우다

4 が 消える(き)(II)
~가 지워지다

5 を ダウンロードする(III)
~를 다운로드하다

6 を バックアップする(III)
~를 백업하다

7 が 壊れる(こわ)(II)
~가 깨지다, 손상되다

8 が 大きい(おお)
~가 크다
↔ 小さい(ちい)
작다

9 が 重い(おも)
~가 무겁다
↔ 軽い(かる)
가볍다

1 データを送る
- メールで会社にデータを送った。
  메일로 회사에 데이터를 보냈다.

2 データを保存する
- パソコンに、写真のデータを保存した。
  컴퓨터에 사진 데이터를 저장했다.

3 データを消す
- 大切なデータを消してしまって、部長に怒られた。
  중요한 데이터를 지워 버려서 부장님께 혼났다.

4 データが消える
- パソコンをシャットダウンしたら、データが消えてしまった。
  컴퓨터를 껐더니 데이터가 사라져 버렸다.

5 データをダウンロードする
- ホームページから、データをダウンロードした。
  홈페이지에서 데이터를 다운로드했다.

6 データをバックアップする
- 必ず大事なデータをバックアップするようにしている。
  반드시 중요한 데이터를 백업하도록 하고 있다.

7 データが壊れる
- パソコンが故障して、保存したデータが壊れてしまった。
  컴퓨터가 고장 나서 저장한 데이터가 손상되어 버렸다.

8 データが大きい ↔ 小さい
- データが大きいから、ファイルを2回に分けて送ろう。
  데이터가 크니까 파일을 두 개로 나누어서 보내자.
- データが小さいので、ファイルがすぐ開いた。
  데이터가 작아서 파일이 금방 열렸다.

9 データが重い ↔ 軽い
- 写真や動画は、データが重い。
  사진이나 동영상은 데이터가 무겁다.
- 書類のファイルは、写真や動画よりデータが軽い。
  서류의 파일은 사진이나 동영상보다 데이터가 가볍다.

ファイル

파일

N1

1

を 送(おく)る (I)

~을 보내다

2

を 添付(てんぷ)する (III)

~을 첨부하다

3

を 開(ひら)く (I)

開(あ)ける (II)

~을 열다

↔ 閉(と)じる (II)

닫다

4

を 保存(ほぞん)する (III)

~을 저장하다

5

を ダウンロードする (III)

~을 다운로드하다

6

を 消(け)す (I)

~을 지우다

7

が 壊(こわ)れる (II)

~이 깨지다, 손상되다

8

が 大(おお)きい

~이 크다

↔ 小(ちい)さい

작다

9

が 重(おも)い

~이 무겁다

↔ 軽(かる)い

가볍다

1 ファイルを送る(おく)

- 部長(ぶちょう)に、仕事(しごと)の資料(しりょう)のファイルを送(おく)った。
  부장님에게 업무 자료 파일을 보냈다.

2 ファイルを添付(てんぷ)する

- メールに3(みっ)つファイルを添付(てんぷ)して、送(おく)った。
  메일에 3개의 파일을 첨부해서 보냈다.

3 ファイルを {開(ひら)く／開(あ)ける} ↔ 閉(と)じる

- メールで届(とど)いたファイルを {開(ひら)い／開(あ)け} て見た。
  메일로 도착한 파일을 열어서 보았다.
- 内容(ないよう)をよく読(よ)んでから、ファイルを閉(と)じた。
  내용을 잘 읽고 나서 파일을 닫았다.

4 ファイルを保存(ほぞん)する

- USB メモリにファイルを保存(ほぞん)した。
  USB 메모리에 파일을 저장했다.

5 ファイルをダウンロードする

- ウェブサイトから、必要(ひつよう)なファイルをダウンロードした。
  웹사이트에서 필요한 파일을 다운로드했다.

6 ファイルを消(け)す

- 古(ふる)いファイルを消(け)して、パソコンのデータを整理(せいり)した。
  오래된 파일을 지워서 컴퓨터 데이터를 정리했다.

7 ファイルが壊(こわ)れる

- ファイルが壊(こわ)れていて、見(み)られなかった。
  파일이 깨져서 볼 수 없었다.

8 ファイルが大(おお)きい ↔ 小(ちい)さい

- ファイルが大(おお)きくて、メールで送(おく)れない。
  파일이 커서 메일로 보낼 수 없다.
- ファイルが小(ちい)さければ、スマホで送(おく)れる。
  파일이 작으면 스마트폰으로 보낼 수 있다.

9 ファイルが重(おも)い ↔ 軽(かる)い

- ファイルが重(おも)くて、ダウンロードに時間(じかん)がかかる。
  파일이 무거워서 다운로드에 시간이 걸린다.
- 写真(しゃしん)のデータを消(け)したら、ファイルが軽(かる)くなった。
  사진 데이터를 지웠더니 파일이 가벼워졌다.

(インター)ネット
인터넷
N4

1
を する(III)
~을 하다

2
に つなぐ(I)
~에 연결하다

3
に アクセスする(III)
~에 접속하다

4
に つながる(I)
~에 연결되다

5
が つながる(I)
~이 연결되다

6
から ダウンロードする(III)
~에서 다운로드하다

7
が 速い(はやい)
~이 빠르다

↔ 遅い(おそい)
느리다

1 (インター)ネットをする
- 息子は、毎日3時間くらい(インター)ネットをしている。
  아들은 매일 3시간 정도 인터넷을 하고 있다.

2 (インター)ネットにつなぐ
- テレビを(インター)ネットにつないで、見た。
  TV를 인터넷에 연결해서 보았다.

3 (インター)ネットにアクセスする
- ケータイで、(インター)ネットにアクセスした。
  휴대폰으로 인터넷에 접속했다.

4 (インター)ネットにつながる
- パソコンを立ち上げてから30分経って、やっと(インター)ネットにつながった。
  컴퓨터를 켠 지 30분이 지나서야 겨우 인터넷에 연결되었다.

5 (インター)ネットがつながる
- 山の中では、なかなか(インター)ネットがつながらない。
  산 속에서는 좀처럼 인터넷이 연결되지 않는다.

6 (インター)ネットからダウンロードする
- ゲームのソフトを、(インター)ネットからダウンロードした。
  게임 소프트웨어를 인터넷에서 다운로드했다.

7 (インター)ネットが速い ↔ 遅い
- このホテルは(インター)ネットが速くて、仕事をするのに便利だ。
  이 호텔은 인터넷이 빨라서 일을 하기가 편리하다.
- 古いパソコンは(インター)ネットが遅いので、ファイルのダウンロードに時間がかかる。
  오래된 컴퓨터는 인터넷이 느려서 파일을 다운로드하는 데 시간이 걸린다.

メール

메일

N4

1. を する(III)
   ~을 하다
2. を 送る(おく)(I)
   ~을 보내다
3. を 出す(だ)(I)
   ~을 보내다
4. を 打つ(う)(I)
   ~을 쓰다
5. が 来る(く)(III)
   届く(とど)(I)
   ~이 오다, 도착하다
6. を チェックする(III)
   ~을 확인하다
7. を 開く(ひら)(I)
   ~을 열다
8. が 開く(ひら)(I)
   ~이 열리다
9. が 戻る(もど)(I)
   ~이 되돌아오다
10. を 消す(け)(I)
   ~을 삭제하다

2, 3, 5, 10은 SNS의 '모바일 메신저'에도 사용할 수 있다.

1 **メールをする**
- 毎日、外国の友だちにメールをしている。
  매일 외국 친구에게 메일을 하고 있다.

2 **メールを送る**
- 急いでいたので、電車の中で、携帯電話から会社にメールを送った。
  급해서 전철에서 휴대 전화로 회사에 메일을 보냈다.

3 **メールを出す**
- 間違って、相手に3回も同じメールを出してしまった。
  실수로 상대방에게 3번이나 같은 메일을 보내 버렸다.

4 **メールを打つ**
- a. 長いメールを打つなら、スマホよりパソコンの方がいい。
  장문의 메일을 쓰려면 스마트폰보다 컴퓨터 쪽이 낫다.
- b. 国の家族にメールを打った。
  고국에 있는 가족에게 메일을 썼다.

5 **メールが{来る／届く}**
- 今日は私の誕生日なので、朝からケータイにたくさんお祝いのメールが{来／届い}た。
  오늘은 내 생일이어서 아침부터 휴대폰에 많은 축하 메일이 {왔다/도착했다}.

6 **メールをチェックする**
- 会社の外では、スマホでメールをチェックしている。
  회사 밖에서는 스마트폰으로 메일을 확인하고 있다.

7 **メールを開く**
- パソコンをネットにつないで、メールを開いて見た。
  컴퓨터를 인터넷에 연결해서 메일을 열어서 봤다.

8 **メールが開く**
- パソコンの調子が悪くて、メールが開かない。
  컴퓨터 상태가 안 좋아서 메일이 열리지 않는다.

9 **メールが戻る**
- 何度送っても、メールが戻ってきて相手に届かないので、困っている。
  몇 번을 보내도 메일이 되돌아오기 때문에 상대방에게 전달되지 않아 난처하다.

10 **メールを消す**
- 間違えて、大事なメールを全部消してしまった。
  실수로 중요한 메일을 전부 삭제해 버렸다.

けい たい でん わ
携帯電話 (ケータイ)

휴대 전화

N4

1

を かける (II)

~를 걸다

2

が かかる (I)

~가 걸리다

3

に かける (II)

~로 걸다

4

が つながる (I)

~가 연결되다

5

な
が 鳴る (I)

~가 울리다

6

き
を 切る (I)

~를 끄다

7

を チェックする (III)

~를 확인하다

1~7은 스마트폰, 1~6은 전화에도 사용할 수 있다.

1. **携帯電話(ケータイ)をかける**
   - 電車の中で携帯電話(ケータイ)をかけるのは、よくない。
   - 전철 안에서 휴대 전화를 거는 것은 좋지 않다.

2. **携帯電話(ケータイ)がかかる**
   - この場所からは、携帯電話(ケータイ)がかからない。
   - 이 곳에서는 휴대 전화가 걸리지 않는다.

3. **携帯電話(ケータイ)にかける**
   - 友だちからメールの返事が来ないので、携帯電話(ケータイ)にかけてみた。
   - 친구한테서 메일 답장이 안 와서 휴대 전화로 걸어 보았다.

4. **携帯電話(ケータイ)がつながる**
   - 何度もかけて、やっと先輩に携帯電話(ケータイ)がつながった。
   - 몇 번이나 걸어서 겨우 선배에게 휴대 전화가 연결되었다.

5. **携帯電話(ケータイ)が鳴る**
   - 試験のとき、携帯電話(ケータイ)が鳴ってしまって、注意された。
   - 시험 때 휴대 전화가 울려서 주의를 받았다.

6. **携帯電話(ケータイ)を切る**
   - 先生に、授業中は携帯電話(ケータイ)を切るように言われた。
   - 선생님이 수업 중에는 휴대 전화를 끄라고 하셨다.

7. **携帯電話(ケータイ)をチェックする**
   - メールが来ているかどうか、携帯電話(ケータイ)をチェックした。
   - 메일이(문자가) 왔는지 안 왔는지 휴대 전화를 확인했다.

連絡(れんらく)
연락
N4

1
を する (III)
~을 하다
↔ 受(う)ける (II)
받다

2
を 取(と)る (I)
~을 취하다

3
が ある (I)
~이 있다
↔ ない
없다

4
が 来(く)る (III)
~이 오다

5
が つく (I)
~이 닿다

1 連絡をする
↔ 受ける

- 先生に、かぜで学校を欠席すると連絡をした。
  선생님께 감기 때문에 학교를 결석한다고 연락을 했다.
- 突然、警察から家族の事故の連絡を受けて、驚いた。
  돌연 경찰로부터 가족의 사고 연락을 받고 놀랐다.

2 連絡を取る

- 卒業してからも、ずっと大学の先輩{と／に}連絡を取っている。
  졸업하고 나서도 쭉 대학의 선배{와/에게} 연락을 하고 있다.

3 連絡がある
↔ ない

- 電車が止まっているので約束に遅れると、友だちから連絡があった。
  전철이 멈춰서 약속에 늦는다고 친구로부터 연락이 있었다.
- 帰国したアンさんからは、もうずっと連絡がない。
  귀국한 앤 씨로부터는 아직도 계속 연락이 없다.

4 連絡が来る

- 仕事の面接を受けに行ったら、次の日、会社から合格の連絡が来た。
  직장 면접을 보러 갔더니 다음날 회사로부터 합격 연락이 왔다.

5 連絡がつく

- 大きな地震があって３時間後に、やっと出かけていた妻{と／に}連絡がついた。
  큰 지진이 있고 3시간 후에 겨우 외출했던 아내{와/한테} 연락이 닿았다.

8

情報・通信

확인문제

1 (　)에 왼쪽 말의 반대말을 넣으세요.

① パソコンを切(き)る　↔　パソコンを（　　　　　）

② ファイルを開(あ)ける　↔　ファイルを（　　　　　）

③ データが大(おお)きい　↔　データが（　　　　　）

④ インターネットが速(はや)い　↔　インターネットが（　　　　　）

2 '~을/를 하다'의 형태가 되는 말을 모두 찾아 ○표 하세요.

メール	データ	インターネット	連絡(れんらく)	携帯電話(けいたいでんわ)

3 '~을/를 다운로드하다'의 형태가 되는 말을 모두 찾아 ○표 하세요.

パソコン	ネット	データ	ケータイ	ファイル

4 함께 쓸 수 있는 말을 [　]에서 모두 골라 ○표 하세요.

① [データ　ファイル　メール　パソコン] が重(おも)い。

② [連絡(れんらく)　ファイル　メール　データ] を消(け)す。

③ ネットに [つなぐ　つながる　チェックする　アクセスする]

④ パソコンを [閉(と)じる　立(た)ち上(あ)げる　ログインする　フリーズする]

⑤ メールを [出(だ)す　打(う)つ　シャットダウンする　チェックする]

⑥ 連絡(れんらく)が [ある　来(く)る　取(と)る　つく]

5 밑줄 친 부분이 맞으면 ○표를 하고 틀리면 알맞게 고쳐서 (　)에 넣으세요.

① パソコンを開(あ)けたら、データが<u>壊(こわ)して</u>（→　　　　　）いた。

② スマホでメールとファイルを<u>開(ひら)こう</u>（→　　　　　）としたが、開(ひら)かなかった。

③ パソコンが<u>速(はや)くて</u>（→　　　　　）、よく固(かた)まってしまう。

④ 病院の中で携帯電話をかかって（→　　　　　　）はいけない。

⑤ ファイルが小さくて（→　　　　　　）メールで一度に送れないので、2つに分けた。

6 { }에서 올바른 쪽을 골라 ○표 하세요.

① 私は、パソコンを速く { 打つ　　かける } ことができない。

② パソコンが壊れて、データが { 切れて　　消えて } しまった。

③ ネットがなかなか { かからない　　つながらない }。

④ 小学校のクラスメートから連絡を { 受けた　　あげた }。

⑤ 寝る前に、パソコンを { シャットダウンして　　ダウンロードして } おく。

7 ☐에서 단어를 골라 적당한 형태로 바꿔서 [ ] 안에 넣으세요. 각 단어는 한 번밖에 고를 수 없습니다.

とどく	つながる	ひらく	かける	もどる	おくる

昨日の夜、友だちにメールを [①　　　　　　] た。朝パソコンを [②　　　　　　] てチェックしたら、メールは [③　　　　　　] ていなくて、[④　　　　　　] てきていた。そこで、友だちのケータイに [⑤　　　　　　] たが、全然 [⑥　　　　　　] なかったので、直接家に行くことにした。

8 ( )에 들어갈 말은 무엇입니까? 1~4에서 가장 알맞은 것을 고르세요.

① 授業中はケータイを（　　）、鳴らないようにしておく。

1 開けて　　2 切って　　3 つなげて　　4 チェックして

② メールにファイルを（　　）、送った。

1 閉じて　　2 開いて　　3 保存して　　4 添付して

③ 昔の恋人と、今も時々連絡を（　　）いる。

1 つけて　　2 かけて　　3 取って　　4 送って

41~49

9

スケジュール

스케줄

計画(けいかく)

계획

N4

1. を 立(た)てる(II)
~을 세우다

2. を 変(か)える(II)
~을 바꾸다

3. が 変(か)わる(I)
~이 바뀌다

4. を 進(すす)める(II)
~을 추진하다

日(ひ)にち

날짜, 일자

N3

5. を 決(き)める(II)
~를 정하다

6. が 決(き)まる(I)
~가 정해지다

7. を 変(か)える(II)
~를 바꾸다

8. が 変(か)わる(I)
~가 바뀌다

9. が 過(す)ぎる(II)
~가 지나다

「日(ひ)にち 날짜」는 「日数(にっすう) 날수」라는 의미도 있다.

1 **計画を立てる**
- 恋人と、夏休みの旅行の計画を立てた。
  애인과 여름 휴가 여행 계획을 세웠다.

2 **計画を変える**
- 沖縄へ旅行する計画を変えて、北海道へ行くことにした。
  오키나와로 여행 가는 계획을 바꿔서 홋카이도에 가기로 했다.

3 **計画が変わる**
- 駅前にビルを建てる計画が変わって、公園ができることになったそうだ。
  역 앞에 빌딩을 세우는 계획이 변경되어 공원이 생기게 되었다고 한다.

4 **計画を進める**
- 今、2年後に家族で田舎に引っ越す計画を進めている。
  지금 2년 후에 가족과 함께 시골로 이사할 계획을 추진하고 있다.

5 **日にちを決める**
- 会議の終わりに、次の会議の日にちを決めた。
  회의가 끝날 때 다음 회의 날짜를 정했다.

6 **日にちが決まる**
- 今年のスピーチ大会の日にちが決まった。
  올해 스피치 대회의 날짜가 정해졌다.

7 **日にちを変える**
- 仕事が忙しいので、引っ越しの日にちを変えた。
  일이 바빠서 이사 날짜를 바꿨다.

8 **日にちが変わる**
- a. テストの日にちが、2月1日から2月5日に変わったそうだ。
  시험 날짜가 2월 1일에서 2월 5일로 바뀌었다고 한다.
- b. 夜、ずっと本を読んでいたら日にちが変わっていた。
  밤에 계속 책을 읽었더니 날짜가 바뀌어 있었다.

9 **日にちが過ぎる**
- 日本語能力試験の申し込みの日にちが過ぎてしまった。
  일본어능력시험의 신청 날짜가 지나 버렸다.

★ 「日数が経つ 날짜가 지나다」라는 뜻도 있다.

予定(よてい)(1)

예정, 일정

N4

1

を 立(た)てる(II)

~을 세우다

2

を 組(く)む(I)

~을 짜다

3

を 決(き)める(II)

~을 결정하다

4

が 決(き)まる(I)

~이 결정되다

5

を 変(か)える(II)

~을 바꾸다

6

が 変(か)わる(I)

~이 바뀌다

7

が 遅(おく)れる(II)

~이 늦어지다

「予定(よてい)(1)」은 전체적인 '계획', '스케줄'을 말한다.

1 予定を立てる

- 月曜日に１週間の予定を立てて、仕事をするようにしている。
  월요일에 1주일 일정을 세워서 일하도록 하고 있다.

2 予定を組む

- 部長に相談して、来月の出張の予定を組んだ。
  부장님께 상담(상의)해서 다음 달 출장 일정을 짰다.

3 予定を決める

- 恋人と話し合って、結婚式とパーティーの予定を決めた。
  애인과 의논하여 결혼식과 피로연 플랜을 정했다.

4 予定が決まる

- 社員の意見が合わなくて、なかなか会議の予定が決まらない。
  사원(들)의 의견이 맞지 않아서 좀처럼 회의 일정이 정해지지 않는다.

5 予定を変える

- 飛行機のチケットが取れなかったので、海外旅行の予定を変えて、国内旅行をすることにした。
  비행기표를 구할 수 없어서 해외여행 일정을 바꾸어 국내 여행을 하기로 했다.

6 予定が変わる

- 来週の試験は予定が変わって、始まりが10時から９時に、科目が２つから３つになった。
  다음 주 시험은 예정이 바뀌어서 시작이 10시에서 9시로, 과목이 2개에서 3개가 되었다.

7 予定が遅れる

- データが集まらなくて、レポート作成の予定が遅れている。
  데이터가 모이지 않아서 리포트 작성 일정이 늦어지고 있다.

予定(よてい)(2)
예정, 일정
N4

1. が ある(I)
~이 있다
↔ ない
없다

2. を 入(い)れる(II)
~을 넣다

3. が 入(はい)る(I)
~이 들어오다

4. を キャンセルする(III)
~을 취소하다

用事(ようじ)
용무, 볼일
N4

5. が できる(II)
~가 생기다

6. が 入(はい)る(I)
~가 들어오다

7. を 済(す)ませる(II)
~를 끝내다

8. 急(きゅう)な
급한~

「予定(よてい)(2)」는 언제, 무엇을 할지 정해져 있는 하나하나의 것을 말한다.

1 [予定][用事]がある ↔ ない

- 再来週、引っ越しの予定があるので、会社を休む。
  다다음 주에 이사 예정이 있어서 회사를 쉰다.
- 冬休みは、まだ予定がない。友だちとどこかへ行きたい。
  겨울 방학은 아직 예정이 없다. 친구와 어딘가에 가고 싶다.
- 用事があったので、会議を欠席した。
  용무가 있어서 회의에 결석했다.
- この日曜日は何も用事がないから、趣味を楽しもう。
  이번 일요일은 아무런 용무가 없으니까 취미를 즐기자.

2 予定を入れる

- 金曜日の夜に、レストランで食事する予定を入れた。
  금요일 밤에 레스토랑에서 식사할 예정을 넣었다.

3 予定が入る

- 再来週、出張の予定が入った。
  다다음 주 출장 예정이 들어왔다.

4 予定をキャンセルする

- 急な仕事で、旅行の予定をキャンセルした。
  갑작스러운 일로 여행 예정을 취소했다.

5 用事ができる

- 家の用事ができたので、食事会には出なかった。
  집안일이 생겨서 회식에는 나가지 않았다.

6 用事が入る

- 花見の日に用事が入って、行けなくなってしまった。
  꽃구경하는 날에 볼일이 생겨서 갈 수 없게 되어 버렸다.

7 用事を済ませる

- 「用事を済ませてから行くので、少しパーティーに遅れます。」
  "볼일을 보고 가기 때문에 조금 파티에 늦습니다."

8 急な用事

- 急な用事で、出張からすぐ戻ることになった。
  급한 용무로 인해 출장에서 바로 돌아오게 되었다.

都合(つごう)

사정, 형편

N4

1

が いい

~이 좋다

↔ 悪(わる)い

나쁘다

2

が ある(I)

~이 있다

3

が つく(I)

~이 닿다

4

を つける(II)

~을 맞추다

5

が 合(あ)う(I)

~이 맞다

1 **都合がいい**
↔ 悪い

- 「都合がよければ、ぜひうちに遊びに来てください。」
  "시간이 되시면 꼭 우리 집에 놀러 오세요."
- 都合が悪くなって、美容院の予約をキャンセルした。
  사정이 어려워져서 미용실 예약을 취소했다.

2 **都合がある**

- 都合があったので、映画の誘いを断った。
  사정이 있어서 영화 권유를 거절했다.

3 **都合がつく**

- 用事があったが都合がついて、飲み会に行くことができた。
  볼일이 있었지만 형편이 닿아서 회식에 갈 수 있었다.

4 **都合をつける**

- 忙しかったが、都合をつけて、子どもの運動会を見に行った。
  바빴지만 시간을 내서 아이의 운동회를 보러 갔다.

5 **都合が合う**

- 都合が合わなくて、なかなか友だちと会えない。
  스케줄이 맞지 않아서 좀처럼 친구와 만날 수 없다.

約束(やくそく)
약속
N4

1
を 守(まも)る(I)
~을 지키다
↔ 破(やぶ)る(I)
어기다

2
が ある(I)
~이 있다
↔ ない
없다

3
を する(III)
~을 하다

予約(よやく)
예약
N4

6
を 入(い)れる(II)
~을 넣다

7
を キャンセルする(III)
~을 취소하다

キャンセル
취소
N2

4
に なる(I)
~가 되다

5
が 出(で)る(II)
~가 나오다

1 **約束を守る**
↔ **破る**

- 私の父は、必ず子どもとの約束を守った。
  우리 아버지는 반드시 자식과의 약속을 지키셨다.
- 弟は、すぐ約束を破ったり、嘘をついたりする。
  남동생은 툭하면 약속을 어기거나 거짓말을 하거나 한다.

---

2 **約束がある**
↔ **ない**

- 今夜は友だちと約束があるので、飲み会には行けない。
  오늘 밤은 친구와 약속이 있어서 회식에는 못 간다.
- 約束がないと、客がすぐに社長と会うのは難しい。
  약속이 없으면 고객이 곧바로 사장과 만나기는 어렵다.

---

3 **[約束] [予約]をする**

- 留学が終わったら国に帰ると、父に約束をした。
  유학이 끝나면 고향으로 돌아오겠다고 아버지께 약속을 했다.

★ 둘이서 함께 하는 것은 「～と約束をする ~와 약속을 하다」라고 말한다.
예) 恋人と結婚の約束をした。 애인과 결혼 약속을 했다.

- 旅行に行くので、ホテルの予約をした。
  여행을 가기 때문에 호텔 예약을 했다.

---

4 **キャンセルになる**

- 相手が急に病気になって、約束がキャンセルになった。
  상대방이 갑자기 병이 나서 약속이 취소되었다.

---

5 **キャンセルが出る**

- チケットにキャンセルが出て、買うことができた。
  취소 티켓이 나와서 살 수 있었다.

---

6 **予約を入れる**

- 歯医者に来週の水曜日の予約を入れた。
  치과에 다음 주 수요일로 예약을 넣었다.

---

7 **予約をキャンセルする**

- 都合が悪くて、レストランの予約をキャンセルした。
  상황이 좋지 않아서 레스토랑 예약을 취소했다.

休(やす)み

쉬는 날(휴일/휴가/방학)

N5

1

が ある(I)
~이/가 있다

↔ ない
없다

2

に なる(I)
~이/가 되다

3

に 入(はい)る(I)
~에 들어가다

4

を 取(と)る(I)
~을/를 얻다

5

を もらう(I)
~을/를 받다

6

を 過(す)ごす(I)
~을/를 보내다

7

が 明(あ)ける(II)
~이/가 끝나다

1 休(やす)みがある
↔ ない

- 私(わたし)の会社(かいしゃ)は、土曜日(どようび)と日曜日(にちようび)以外(いがい)も休(やす)みがある。
  우리 회사는 토요일과 일요일 이외에도 쉬는 날이 있다.
- 今(いま)、仕事(しごと)が忙(いそが)しくて、あまり休(やす)みがない。
  지금 일이 바빠서 별로 쉬는 날이 없다.

---

2 休(やす)みになる

- a. 休(やす)みになったら、いろいろな所(ところ)へ遊(あそ)びに行(い)きたい。
  방학이 되면 여러 곳에 놀러 가고 싶다.
- b. 台風(たいふう)で学校(がっこう)が休(やす)みになった。
  태풍으로 학교가 쉬게 되었다.

---

3 休(やす)みに入(はい)る

- 大学(だいがく)は、来週(らいしゅう)から夏休(なつやす)みに入(はい)る。
  대학은 다음 주부터 여름 방학에 들어간다.

---

4 休(やす)みを取(と)る

- 体(からだ)の具合(ぐあい)が悪(わる)いので、休(やす)みを取(と)って病院(びょういん)へ行(い)った。
  몸 상태가 나빠서 휴가를 받아서 병원에 갔다.

---

5 休(やす)みをもらう

- 会社(かいしゃ){に／から}休(やす)みをもらって、海外(かいがい)へ旅行(りょこう)した。
  회사{에서/로부터} 휴가를 받아 해외로 여행을 갔다.

---

6 休(やす)みを過(す)ごす

- 私(わたし)は、本(ほん)を読(よ)んで休(やす)みを過(す)ごしている。
  나는 책을 읽으며 휴가를 보내고 있다.

---

7 休(やす)みが明(あ)ける

- 明日(あした)で正月(しょうがつ)の休(やす)みが明(あ)けて、また仕事(しごと)が始(はじ)まる。
  내일이면 설 연휴가 끝나고 또 일이 시작된다.

1

に 間に合う(I)

~에 맞추다

↔ 遅れる(II)

늦다

2

に なる(I)

~이 되다

3

が 来る(III)

~이 오다

4

を 間違える(II)

~을 잘못 알다

時間(1)

시간

N5

5

が 過ぎる(II)

~이 지나가다

6

を 遅らせる(II)

~을 늦추다

↔ 早める(II)

앞당기다

7

が 早い

~이 빠르다

↔ 遅い

늦다

8

が 正確だ

~이 정확하다

「時間(1)」은 시각을 말한다.

1 時間(じかん)に間(ま)に合(あ)う
↔ 遅(おく)れる

- タクシーで行(い)けば、約束(やくそく)の時間(じかん)に間(ま)に合(あ)うだろう。
  택시로 가면 약속 시간에 맞출 수 있을 것이다.
- アルバイトの時間(じかん)に遅(おく)れて、先輩(せんぱい)に怒(おこ)られた。
  아르바이트 시간에 늦어서 선배에게 혼났다.

---

2 時間(じかん)になる

- 約束(やくそく)の時間(じかん)になったが、恋人(こいびと)は来(こ)なかった。
  약속 시간이 되었지만 애인은 오지 않았다.

---

3 時間(じかん)が来(く)る

- 出発(しゅっぱつ)の時間(じかん)が来(き)たので、バスに乗(の)った。
  출발 시간이 와서 버스를 탔다.

---

4 時間(じかん)を間違(まちが)える

- 時間(じかん)を間違(まちが)えて、約束(やくそく)の場所(ばしょ)に 1 時間(じかん)も早(はや)く来(き)てしまった。
  시간을 잘못 알고 약속 장소에 1시간이나 일찍 와 버렸다.

---

5 時間(じかん)が過(す)ぎる

- 予定(よてい)の時間(じかん)が過(す)ぎても、コンサートは始(はじ)まらなかった。
  예정된 시간이 지나도 콘서트는 시작되지 않았다.

---

6 時間(じかん)を遅(おく)らせる
↔ 早(はや)める

- 電車(でんしゃ)の事故(じこ)があったため、大学(だいがく)は試験(しけん)の時間(じかん)を遅(おく)らせた。
  전철 사고가 있었기 때문에 대학은 시험 시간을 늦췄다.
- 全員(ぜんいん)が早(はや)く集(あつ)まったので、会議(かいぎ)の時間(じかん)を早(はや)めた。
  전원이 일찍 모여서 회의 시간을 앞당겼다.

---

7 時間(じかん)が早(はや)い
↔ 遅(おそ)い

- 仕事(しごと)の時間(じかん)が早(はや)いので、毎日早(まいにちはや)く起(お)きている。
  업무 시작 시간이 이르기 때문에 매일 일찍 일어나고 있다.
- 今日(きょう)はもう時間(じかん)が遅(おそ)いので、残業(ざんぎょう)をやめて帰(かえ)ろう。
  오늘은 이미 시간이 늦었으니 잔업을 그만하고 귀가하자.

---

8 時間(じかん)が正確(せいかく)だ

- 日本(にほん)の電車(でんしゃ)は、時間(じかん)が正確(せいかく)だと言(い)われている。
  일본의 전철은 시간이 정확하다고 알려져 있다.

★ 사람인 경우에는 「時間(じかん)に正確(せいかく)だ 시간에 정확하다」라고 말한다.

예) 友(とも)だちはいつも時間(じかん)に正確(せいかく)で、約束(やくそく)に遅(おく)れたことがない。
친구는 항상 시간에 정확하고 약속에 늦은 적이 없다.

締(し)め切(き)り

마감

N3

1 に 間(ま)に合(あ)う (I)
~에 맞추다
↔ 遅(おく)れる (II)
늦다

2 を 守(まも)る (I)
~을 지키다

3 が 来(く)る (III)
~이 오다

4 が 過(す)ぎる (II)
~이 지나다

5 が 延(の)びる (II)
~이 연장되다
↔ 早(はや)まる (I)
빨라지다

6 を 延(の)ばす (I)
~을 연기하다
↔ 早(はや)める (II)
앞당기다

1 **締め切りに間に合う**
↔ 遅れる

- 締め切りに間に合うように、レポートを急ごう。
  마감 시간에 맞출 수 있도록 리포트를 서두르자.
- 締め切りに遅れて、論文を受け付けてもらえなかった。
  마감에 늦어서 논문을 받아주지 않았다.

---

2 **締め切りを守る**

- 論文は、必ず締め切りを守って提出しなければならない。
  논문은 반드시 마감을 지켜서 제출해야만 한다.

---

3 **締め切りが来る**

- 来週レポートの締め切りが来るが、まだ全然書いていない。
  다음 주 리포트 마감 날이 오는데 아직 전혀 쓰지 않았다.

★ '점점 오고 있다'고 말하고 싶을 때는「近づく 다가오다」를 사용한다.

例) レポートの締め切りが近づいている。리포트 마감이 다가오고 있다.

★「締め切りが近い 마감 시간이 가깝다(임박하다)」라는 표현도 있다.

例) レポートの締め切りが近いので、今、とても忙しい。
리포트의 마감이 임박해져 지금 매우 바쁘다.

---

4 **締め切りが過ぎる**

- コンサートのチケットを申し込もうと思ったら、1週間も前に締め切りが過ぎていた。
  콘서트 티켓을 신청하려고 했더니 1주일도 전에 마감이 지나 있었다.

---

5 **締め切りが延びる**
↔ 早まる

- 論文の締め切りが延びた。
  논문 마감이 연기되었다.
- 研究会の発表の締め切りが早まったので、あわてた。
  연구회 발표 마감이 빨라져서 당황했다.

---

6 **締め切りを延ばす**
↔ 早める

- 先生は、宿題の締め切りを延ばした。
  선생님은 숙제 마감을 연기했다.
- チケットがなくなりそうなので、申し込みの締め切りを早めた。
  티켓이 없어질 것 같아서 신청 마감을 앞당겼다.

時間(じかん)(2)

시간

N5

1
が ある(I)
~이 있다
↔ ない
없다

2
が かかる(I)
~이 걸리다

3
を かける(II)
~을 들이다

4
が 経(た)つ(I)
~이 지나다

5
が 足(た)りる(II)
~이 충분하다

6
が 余(あま)る(I)
~이 남다

7
が 延(の)びる(II)
~이 연장되다

8
が できる(II)
~이 생기다

「時間(じかん)(2)」는 시작과 종료가 있는 '폭 · 범위가 있는 시간'을 말한다.

1~**4**는 '날짜(날수의 의미)'에서도 쓴다.

1 **時間(じかん)がある**
↔ ない

- 母(はは)はもう仕事(しごと)をやめたので、十分(じゅうぶん)時間(じかん)があると思(おも)う。
  어머니는 이제 일을 그만두셔서 충분한 시간이 있다고 생각한다.
- 日本(にほん)へ来(き)てから毎日(まいにち)忙(いそが)しくて、全然(ぜんぜん)遊(あそ)ぶ時間(じかん)がない。
  일본에 오고 나서 매일 바빠서 전혀 놀 시간이 없다.

---

2 **時間(じかん)がかかる**

- 化粧(けしょう)に時間(じかん)がかかって、家(いえ)を出(で)るのが遅(おそ)くなった。
  화장에 시간이 걸려서 집을 나서는 것이 늦어졌다.

---

3 **時間(じかん)をかける**

- クラスの発表(はっぴょう)がうまくいくように、準備(じゅんび)に十分(じゅうぶん)時間(じかん)をかけている。
  학급 발표를 잘 할 수 있도록 준비에 충분한 시간을 들이고 있다.

---

4 **時間(じかん)が経(た)つ**

- 日本(にほん)へ来(き)てから、もう長(なが)い時間(じかん)が経(た)った。
  일본에 온 지 벌써 오랜 시간이 지났다.

---

5 **時間(じかん)が足(た)りる**

- 時間(じかん)が足(た)りなくて、試験(しけん)の問題(もんだい)が最後(さいご)までできなかった。
  시간이 부족해서 시험 문제를 끝까지 다 못 풀었다.

---

6 **時間(じかん)が余(あま)る**

- 会議(かいぎ)の後(あと)で時間(じかん)が余(あま)ったので、みんなで食事(しょくじ)に行(い)った。
  회의가 끝나고 시간이 남아 다 같이 식사하러 갔다.

---

7 **時間(じかん)が延(の)びる**

- コンサートの時間(じかん)が延(の)びて、帰(かえ)りの電車(でんしゃ)に遅(おく)れてしまった。
  콘서트 시간이 연장되어 돌아오는 전철을 놓쳐 버렸다.

---

8 **時間(じかん)ができる**

- 用事(ようじ)を済(す)ませたら、時間(じかん)ができたので、映画(えいが)を見(み)に行(い)った。
  용무를 마쳤는데 시간이 나서 영화를 보러 갔다.
- 父(ちち)は仕事(しごと)をやめて時間(じかん)ができてから、よく旅行(りょこう)に行(い)くようになった。
  아버지는 일을 그만 둔 후 시간이 나고부터 여행을 자주 가게 되었다.

9

スケジュール 확인문제

1 ( )에 왼쪽 말의 반대말을 넣으세요.

① 約束(やくそく)を守(まも)る ↔ 約束(やくそく)を（　　　　　）

② 締(し)め切(き)りに間(ま)に合(あ)う ↔ 締(し)め切(き)りに（　　　　　）

③ 時間(じかん)を遅(おく)らせる ↔ 時間(じかん)を（　　　　　）

④ 都合(つごう)がいい ↔ 都合(つごう)が（　　　　　）

2 '~이/가 없다'의 형태가 되는 말을 모두 찾아 ○표 하세요.

予定(よてい)	都合(つごう)	休(やす)み	時間(じかん)	約束(やくそく)	用事(ようじ)

3 함께 쓸 수 있는 말을 [ ]에서 모두 골라 ○표 하세요.

① 休(やす)みを　[明(あ)ける　入(はい)る　取(と)る　なる　もらう　過(す)ごす]

② 予定(よてい)を　[立(た)てる　遅(おく)れる　変(か)わる　入(はい)る　組(く)む　過(す)ごす]

③ 時間(じかん)が　[経(た)つ　余(あま)る　延(の)びる　来(く)る　足(た)りる　過(す)ごす]

④ 締(し)め切(き)りが [来(く)る　守(まも)る　過(す)ぎる　早(はや)い　軽(かる)い]

⑤ 日(ひ)にちが　[決(き)まる　決(き)める　つく　つける　変(か)わる　変(か)える]

4 아래의 표를 완성하세요.

자동사	타동사	자동사	타동사
① 計画(けいかく)が＿＿＿＿	計画(けいかく)を変(か)える	④ 締(し)め切(き)りが＿＿＿＿	締(し)め切(き)りを延(の)ばす
② 時間(じかん)が＿＿＿＿	時間(じかん)をかける	⑤ 予定(よてい)が＿＿＿＿	予定(よてい)を決(き)める
予定(よてい)が入(はい)る	③ 予定(よてい)を＿＿＿＿	都合(つごう)がつく	⑥ 都合(つごう)を＿＿＿＿

5 밑줄 친 부분이 맞으면 ○표를 하고 틀리면 알맞게 고쳐서 ( )에 넣으세요.

① 研究(けんきゅう)の計画(けいかく)を早(はや)く<u>進(すす)まなければ</u>（→　　　　　）ならない。

② 論文(ろんぶん)の締(し)め切(き)りが<u>早(はや)めた</u>（→　　　　　）ので、急(いそ)いで書(か)き始(はじ)めた。

③ 歌手が病気になって、コンサートがキャンセルになった（→　　　　　　）。

④ 用事が入れた（→　　　　　　）ので、旅行の予定をキャンセルした。

6 {　}에서 올바른 쪽을 골라 ○표 하세요.

① 人気のホテルにキャンセルが出たので、すぐ予約を { 入れた　　押さえた }。

② 旅行の申し込みの日にちが { できて　　過ぎて } しまった。

③ 急がなければ、約束の時間に { 遅れて　　延びて } しまう。

④ 用事を { 守って　　済ませて } から、飲み会へ行った。

7 □에서 단어를 골라 적당한 형태로 바꿔서 [　] 안에 넣으세요. 각 단어는 한 번밖에 고를 수 없습니다.

きゅうだ	なる	する	できる	かえる	まちがえる

昨日トムさんと映画を見る約束を［①　　　　　　］た。でも、いつも時間に正確な彼が、約束の時間に［②　　　　　　］ても、来なかった。何か［③　　　　　　］用事が［④　　　　　　］たのかと思って、携帯電話にかけたら、時間を［⑤　　　　　　］ていたのだそうだ。私たちは予定を［⑥　　　　　　］て、近くの動物園へ行くことにした。

8 (　)에 들어갈 말은 무엇입니까? 1~4에서 가장 알맞은 것을 고르세요.

① 約束より（　　）時間に着いたら、まだ誰もいなかった。

1 早い　　2 短い　　3 遅い　　4 長い

② 夏休みになって時間が（　　）ら、旅行に行きたい。

1 変わった　　2 できた　　3 進んだ　　4 かかった

③ 恋人と都合が（　　）、なかなかデートができない。

1 つかなくて　　2 守れなくて　　3 取れなくて　　4 合わなくて

50~54

10

人(ひと)・交際(こうさい)

사람 교제

1

が いる(II)

~이/가 있다

2

が できる(II)

~이/가 생기다

恋人(こいびと) N3

애인

彼(かれ) N4

남자 친구

彼女(かのじょ) N4

여자 친구

3

に なる(I)

~이/가 되다

4

を 作(つく)る(I)

~을/를 만들다

5

と 別(わか)れる(II)

~와/과 헤어지다

6

を ふる(I)

~을/를 차다

「恋人(こいびと) 애인」은 남녀, 「彼(かれ) 그」는 남성, 「彼女(かのじょ) 그녀」는 여성에게 사용한다.
1~4는 「友(とも)だち 친구」에게도 사용할 수 있다.

1 [恋人] [彼] [彼女] がいる

- 私には[恋人] [彼] [彼女]がいて、今、結婚を考えている。
  나에게는 [애인] [남자 친구] [여자 친구]이/가 있는데, 지금 결혼을 생각하고 있다.

2 [恋人] [彼] [彼女] ができる

- 息子は[恋人] [彼女]ができて、家族に紹介してくれた。
  아들은 [애인] [여자 친구]이/가 생겨서 가족에게 소개해 주었다.
- 姉は、高校に入ってから[恋人] [彼]ができて、毎週デートしている。
  누나(언니)는 고등학교에 들어가서 [애인] [남자 친구]이/가 생겨서 매주 데이트를 하고 있다.

3 [恋人] [彼] [彼女] になる

- 高校のクラスメートと恋人になった。
  고등학교 반 친구와 연인이 되었다.
- 山田さんは先輩の[彼] [彼女]になった。
  야마다 씨는 선배의 [남자 친구] [여자 친구]가 되었다.

★ 「～と ~와/과」는 「恋人 애인, 연인」에만 쓴다.
りんさんと[彼][彼女]になる。(×)

4 [恋人] [彼] [彼女] を作る

- 大学生になったら、[恋人] [彼] [彼女]を作りたい。
  대학생이 되면 [애인] [남자 친구] [여자 친구]을/를 만들고 싶다.

5 [恋人] [彼] [彼女] と別れる

- [恋人] [彼] [彼女]と別れて、外国へ留学することにした。
  [애인] [남자 친구] [여자 친구]과/와 헤어져서 외국으로 유학 가기로 했다.

6 [恋人] [彼] [彼女] をふる

- 木村さんは、[恋人] [彼] [彼女]をふって、他の人と結婚した。
  기무라 씨는 [애인] [남자 친구] [여자 친구]을/를 차고 다른 사람과 결혼했다.

★ 수동 표현으로 「[恋人][彼][彼女]にふられる [애인] [남자 친구] [여자 친구]에게 차이다」라고도 자주 사용한다.
예) [恋人][彼][彼女]にふられて、悲しい。
[애인][남자 친구][여자 친구]에게 차여서 슬프다.

パーティー
파티
N5

1
に 出る(で) (II)
出席する(しゅっせき) (III)
~에 참석하다, 출석하다

2
に 行く(い) (I)
~에 가다
↔ 来る(く) (III)
오다

3
に 招待する(しょうたい)
~에 초대하다 (III)

4
に 誘う(さそ) (I)
~에 권하다

5
を する (III)
~를 하다

6
を 開く(ひら) (I)
~를 열다

1~6은 「飲み会(のかい) 회식」, 「宴会(えんかい) 연회」, 「忘年会(ぼうねんかい) 송년회」 등 다양한 모임이나 행사에 사용한다.

1 パーティーに{出る／出席する}

- 来週のパーティーに{出る／出席する}かどうか、今日中に返事をしなければならない。
  다음 주 파티에 {참석하는/출석하는}지 여부에 대해서 오늘 중으로 답을 해야만 한다.

2 パーティーに行く ↔ 来る

- 着物を着てパーティーに行ったら、外国人のお客さんに喜ばれた。
  기모노를 입고 파티에 갔더니 외국인 손님이 좋아했다.
- 案内の知らせをたくさん出したので、大勢の人がパーティーに来た。
  안내 소식을 많이 보냈기 때문에 많은 사람들이 파티에 왔다.

3 パーティーに招待する

- 友だちをたくさん結婚式のパーティーに招待した。
  친구들을 많이 결혼식 파티에 초대했다.

4 パーティーに誘う

- 「楽しそうだから一緒に行こう。」と、友だちをクリスマスパーティーに誘った。
  "재미있을 것 같으니까 같이 가자."하고, 친구를 크리스마스 파티에 권했다(초대했다).

5 パーティーをする

- 試験が終わったら、クラスのみんなと一緒にパーティーをする予定だ。
  시험이 끝나면 반 친구들과 함께 파티를 할 예정이다.

6 パーティーを開く

- 娘の友だちを呼んで、娘の誕生日パーティーを開いた。
  딸의 친구를 불러서 딸 생일 파티를 열었다.

お祝(いわ)い(1)
축하
N4

1. を 言(い)う(I)
~를 하다

2. の 言葉(ことば)
~의 말

お祝(いわ)い(2)
축하(선물)
N4

3. を もらう(I)
~을 받다
↔ あげる(II)
주다

4. を 贈(おく)る(I)
~을 주다, 증여하다

5. を する(III)
~을 하다

6. の 品(しな)
~의 선물

お見舞(みま)い
병문안
N4

7. を もらう(I)
~을 받다

8. に 行(い)く(I)
~에 가다
↔ 来(く)る(III)
오다

「お祝(いわ)い(1)」은 축하의 말, 「お祝(いわ)い(2)」는 축하의 뜻으로 전하는 물건이나 돈을 말한다.
「お見舞(みま)いをする 병문안을 가다」는 건강 회복을 바라며 선물로 무언가를 주는 것을 의미한다.

1 お祝(いわ)いを言(い)う
- 校長先生(こうちょうせんせい)は、学生(がくせい)に卒業(そつぎょう)のお祝(いわ)いを言(い)ってくださった。
  교장 선생님은 학생들에게 졸업 축하 말씀을 해 주셨다.

2 お祝(いわ)いの言葉(ことば)
- 誕生日(たんじょうび)カードにお祝(いわ)いの言葉(ことば)を書(か)いて、友(とも)だちに渡(わた)した。
  생일 카드에 축하의 말을 적어 친구에게 건넸다.

3 お祝(いわ)いをもらう
↔ あげる
- 友(とも)だち{に／から}結婚(けっこん)のお祝(いわ)いをもらった。
  친구{에게/로부터} 결혼 축하 선물을 받았다.
- 兄(あに)に誕生日(たんじょうび)のお祝(いわ)いをあげた。
  오빠(형)에게 생일 축하 선물을 주었다.

4 お祝(いわ)いを贈(おく)る
- 祖母(そぼ)が、私(わたし)に大学入学(だいがくにゅうがく)のお祝(いわ)いを贈(おく)ってくれた。
  할머니께서 나에게 대학 입학 선물을 주셨다.

5 [お祝(いわ)い] [お見舞(みま)い] をする
- 娘(むすめ)が試験(しけん)に合格(ごうかく)したら、うちでお祝(いわ)いをしよう。
  딸이 시험에 합격하면 집에서 축하를 하자.
- 入院(にゅういん)されている部長(ぶちょう)の奥(おく)さんに社員(しゃいん)でお見舞(みま)いをした。
  입원해 있는 부장님의 사모님께 사원들이 병문안을 했다.

6 [お祝(いわ)い] [お見舞(みま)い] の品(しな)
- 弟(おとうと)に子(こ)どもが生(う)まれたので、お祝(いわ)いの品(しな)を送(おく)った。
  남동생에게 아이가 태어나서 축하 선물을 보냈다.
- 入院(にゅういん)したら、会社(かいしゃ)からお見舞(みま)いの品(しな)が届(とど)いた。
  입원했더니 회사로부터 병문안 선물이 도착했다.

7 お見舞(みま)いをもらう
- 入院(にゅういん)したとき、友(とも)だち{に／から}お見舞(みま)いをもらった。
  입원했을 때 친구(에게/로부터) 병문안을 받았다.(=친구가 병문안을 왔다.)

8 お見舞(みま)いに行(い)く
↔ 来(く)る
- 病気(びょうき)の祖父(そふ)のところへお見舞(みま)いに行(い)った。
  병상에 계신 할아버지께 병문안을 갔다.
- 入院中(にゅういんちゅう)、友(とも)だちが毎日病院(まいにちびょういん)にお見舞(みま)いに来(き)てくれた。
  입원 중에 친구가 매일 병원에 병문안을 와 주었다.

お礼(れい)(1)
답례
N4

1. を 渡(わた)す(I)
~를 건네다

2. を 送(おく)る(I)
~를 보내다

3. を もらう(I)
~를 받다

4. を する(III)
~를 하다

お礼(れい)(2)
답례, 감사
N4

5. を 言(い)う(I)
~를 말하다

6. に 行(い)く(I)
~하러 가다

おわび
사과
N1

「お礼(れい)(1)」은 감사의 물건을 말하고, 「お礼(れい)(2)」는 감사의 말이나 행위를 말한다.

1 お礼(れい)を渡(わた)す

• 友(とも)だちが私(わたし)の結婚(けっこん)パーティーの準備(じゅんび)をしてくれたので、お礼(れい)を渡(わた)した。
친구가 나의 결혼 파티 준비를 해 주어서 답례를 건넸다.

2 お礼(れい)を送(おく)る

• 病気(びょうき)のとき同僚(どうりょう)にお世話(せわ)になったので、お礼(れい)を送(おく)った。
병에 걸렸을 때 동료에게 신세를 져서 답례를 보냈다.

3 お礼(れい)をもらう

• 後輩(こうはい)に仕事(しごと)を紹介(しょうかい)してあげたら、お礼(れい)をもらった。
후배에게 일을 소개해 주었더니 답례를 받았다.

4 [お礼(れい)] [おわび] をする

• 入院中(にゅういんちゅう)にお世話(せわ)になった看護師(かんごし)さんたちにお礼(れい)をした。
입원 중에 신세를 진 간호사님들에게 답례를 했다.

• 人(ひと)にひどく迷惑(めいわく)をかけたときは、あやまるだけではなくて、おわびをした方(ほう)がいい。
타인에게 심하게 폐를 끼쳤을 때는 말로 사과할 뿐만 아니라 사과의 선물을 하는 것이 좋다.

★ 「おわび(を)する 사과하다」는 사과하기 위해 무언가를 준다는 것을 의미한다.

5 [お礼(れい)] [おわび] を言(い)う

• バスで席(せき)を譲(ゆず)ってもらったので、お礼(れい)を言(い)った。
버스에서 자리를 양보해 주어서 감사 인사를 했다.

• 電車(でんしゃ)で隣(となり)の人(ひと)の足(あし)を踏(ふ)んでしまって、おわびを言(い)った。
전철에서 옆 사람의 발을 밟아 버려서 사과를 했다.

6 [お礼(れい)] [おわび] に行(い)く

• 祖母(そぼ)から就職(しゅうしょく)のお祝(いわ)いが届(とど)いたので、祖母(そぼ)のところへお礼(れい)に行(い)った。
할머니께서 취직 축하금을 보내셔서 할머니께 감사 인사를 드리러 갔다.

• 子(こ)どもがクラスメートにけがをさせてしまったので、家(いえ)までおわびに行(い)った。
아이가 급우에게 부상을 입히고 말아서 집까지 사과하러 갔다.

嘘(うそ)
거짓말
N4

1 を つく(I)
~을 하다

2 が ばれる(II)
~이 들통나다

迷惑(めいわく)
민폐, 폐
N3

3 を かける(II)
~를 끼치다

4 が かかる(I)
~가 되다

5 に なる(I)
~가 되다

世話(せわ)
신세, 보살핌
N4

6 を かける(II)
~를 끼치다

7 が かかる(I)
~이 가다

8 に なる(I)
~를 지다

9 を する(III)
~을/를 돌보다

10 身(み)の回(まわ)り の
신변의 일을 (돌봄, 시중)

1 嘘をつく
• 友だちが私に嘘をついていたのは、ショックだった。
친구가 나에게 거짓말을 한 것은 충격이었다.

2 嘘がばれる
• 弟が本当のことを話したので、親に嘘がばれて怒られた。
남동생이 사실을 털어놓는 바람에 부모님께 거짓말이 들통나서 혼났다.

3 迷惑をかける
• アルバイトを休んで、仲間に迷惑をかけてしまった。
아르바이트를 쉬어서 동료에게 폐를 끼치고 말았다.

4 迷惑がかかる
• 連絡をしないで仕事を休むと、同僚に迷惑がかかる。
연락을 하지 않고 일을 쉬면 동료들에게 폐가 된다.

5 迷惑になる
• 近所の迷惑になるので、夜に騒ぐのはよくない。
이웃에게 민폐가 되므로 밤에 떠드는 것은 좋지 않다.

6 世話をかける
• 入院して、家族に世話をかけた。
입원해서 가족들에게 신세를 졌다.

7 世話がかかる
• ペットをたくさん飼うのは、世話がかかる。
반려동물을 많이 기르는 것은 손이 많이 간다.

8 世話になる
• 私は大学生のとき、伯父の家で伯父夫婦{の／に}世話になっていた。
나는 대학생 때 큰아버지 댁에서 큰아버지 부부{의/께} 신세를 지고 있었다.

9 世話をする
• アンさんは、毎日、小さい妹の世話をしている。
앤 씨는 매일 어린 여동생을 돌보고 있다.

★ 사람뿐만 아니라 동물이나 식물에도 사용한다.
예) ペットの世話をする。庭のバラの世話をする。
반려동물을 돌보다. 정원의 장미를 돌보다.

10 身の回りの世話
• 病気の父の身の回りの世話をしている。
병든 아버지를 보살펴 드리고 있다.

10

人・交際

확인문제

1 '~을/를 하다'의 형태가 되는 말을 모두 찾아 ○표 하세요.

世話(せわ)　お祝い(いわ)　お見舞い(みま)　嘘(うそ)　おわび　お礼(れい)　恋人(こいびと)　パーティー

2 '~을/를 받다'의 형태가 되는 말을 모두 찾아 ○표 하세요.

迷惑(めいわく)　お祝い(いわ)　嘘(うそ)　お見舞い(みま)　お礼(れい)　世話(せわ)

3 함께 쓸 수 있는 말을 [　]에서 모두 골라 ○표 하세요.

① 恋人(こいびと)を　[いる　作る(つく)　できる　なる　別れる(わか)]

② パーティーに [誘う(さそ)　来る(く)　出す(だ)　行く(い)　出る(で)]

③ お祝い(いわ)を　[言う(い)　来る(く)　贈る(おく)　行く(い)　なる]

④ お礼(れい)を　[行く(い)　渡す(わた)　送る(おく)　言う(い)　来る(く)]

4 밑줄 친 부분이 맞으면 ○표를 하고 틀리면 알맞게 고쳐서 (　)에 넣으세요.

① 私(わたし)が入院(にゅういん)しているとき、恋人(こいびと)が毎日病院(まいにちびょういん)にお見舞い(みま)に行って(い)（→　　　　　）くれてうれしかった。

② 大学(だいがく)が、卒業(そつぎょう)のパーティーを開ける(あ)（→　　　　　）そうだ。

③ 私(わたし)は体(からだ)が弱(よわ)くて、子(こ)どもたちに世話(せわ)をかかって（→　　　　　）いる。

④ 夜(よる)、大(おお)きな音(おと)で音楽(おんがく)を聞(き)くのは、迷惑(めいわく)にする（→　　　　　）から、やめよう。

⑤ 私(わたし)は、クラスメートに誕生日(たんじょうび)のお祝い(いわ)をあげた（→　　　　　）。

5 {　}에서 올바른 쪽을 골라 ○표 하세요.

① 私は、祖母の｛身の回り　　身の上｝の世話をしている。

② 先生が入院したので、お見舞いの｛事　　品｝を届けた。

③ 息子が友だちにけがをさせてしまったので、友だちの家までおわびに｛行った　　なった｝。

④ 仕事が忙しいときに休みを取ると、他の人に迷惑が｛かりる　　かかる｝。

⑤ 友だちを誕生日のパーティーに｛紹介した　　招待した｝。

6 ［　　］에서 단어를 골라 적당한 형태로 바꿔서 [　] 안에 넣으세요. 각 단어는 한 번밖에 고를 수 없습니다.

しな	つく	ふる	ばれる	かける	しゅっせきする

彼女と一緒に先輩の結婚式のパーティーに［①　　　　］ことになった。二人でお祝いの［②　　　　］を買いに行ったが、私は何がいいかわからなかった。それで、全部彼女にお願いして帰った。パーティーの日、寝坊して遅れて行ったら、彼女は怒っていた。迷惑を［③　　　　］たのだから当たり前だと思う。でも、私はあやまらずに「仕事のせいで遅れた。」と嘘を［④　　　　］た。すると、すぐに嘘が［⑤　　　　］て、彼女に［⑥　　　　］てしまった。

7 (　)에 들어갈 말은 무엇입니까? 1~4에서 가장 알맞은 것을 고르세요.

① 道で人にぶつかってしまって、おわびを（　　）。

1 話した　　2 しゃべった　　3 ついた　　4 言った

② 私はアメリカに留学していたとき、叔母の世話に（　　）いた。

1 かけて　　2 つけて　　3 なって　　4 とって

③ 大学に合格して、先生からお祝いの（　　）をもらった。

1 言葉　　2 話　　3 迷惑　　4 嘘

11 趣味(しゅみ)・スポーツ

취미 스포츠

音楽(おんがく)

음악

N5

1 を かける(II)

~을 틀다

2 が かかる(I)

~이 나오다

3 を 流(なが)す(I)

~을 내보내다

4 が 流(なが)れる(II)

~이 흐르다

楽器(がっき)

악기

N2

5 を 演奏(えんそう)する(III)

~를 연주하다

6 が できる(II)

~를 다룰 수 있다

1~5는 「曲(きょく) 곡」, 1~4는 「歌(うた) 노래」에도 사용한다.

1 音楽(おんがく)をかける
- 私(わたし)はよく音楽(おんがく)をかけながら、料理(りょうり)をしている。
  나는 자주 음악을 틀어 놓고 요리를 하고 있다.

2 音楽(おんがく)がかかる
- この喫茶店(きっさてん)では、いつも新(あたら)しい音楽(おんがく)がかかっている。
  이 찻집에서는 언제나 새로운 음악이 나온다.

3 音楽(おんがく)を流(なが)す
- 一日中(いちにちじゅう)ずっと音楽(おんがく)を流(なが)しているラジオ番組(ばんぐみ)がある。
  하루 종일 계속 음악을 틀어 주는 라디오 프로그램이 있다.

4 音楽(おんがく)が流(なが)れる
- 街(まち)を歩(ある)いていると、どこかからきれいな音楽(おんがく)が流(なが)れてきた。
  거리를 걷고 있었는데 어디선가 아름다운 음악이 흘러나왔다.

5 楽器(がっき)を演奏(えんそう)する
- 「あなたは何(なに)か楽器(がっき)を演奏(えんそう)することができますか。」
  "당신은 무엇인가 악기를 연주할 수 있습니까?"

6 楽器(がっき)ができる
- 私(わたし)は何(なに)も楽器(がっき)ができないが、歌(うた)うことは大好(だいす)きだ。
  나는 아무런 악기도 다룰 수 없지만 노래하는 것은 무척 좋아한다.

ピアノ N4
피아노

ギター N5
기타

バイオリン N2
바이올린

1
を 弾(ひ)く (I)
~을/를 치다(켜다)

2
を 演奏(えんそう)する (III)
~을/를 연주하다

3
が できる (II)
~을/를 다룰 수 있다

たいこ N2
북

ドラム N2
드럼

笛(ふえ) N2
피리

フルート N2
플루트

4
を たたく (I)
~을/를 두드리다

5
を 吹(ふ)く (I)
~를 불다

1 [ピアノ] [ギター] [バイオリン]を弾(ひ)く

- 私(わたし)の趣味(しゅみ)は、[ピアノ] [ギター] [バイオリン]を弾(ひ)くことだ。
  내 취미는 [피아노] [기타] [바이올린]를/을 치는(켜는) 것이다.

★「弾(ひ)く 연주하다」는 그 밖에도 여러 현악기에 사용한다.

---

2 [ピアノ] [ギター] [バイオリン] [たいこ] [ドラム] [笛(ふえ)] [フルート] を演奏(えんそう)する

- 学校(がっこう)のコンサートで、[ピアノ] [ギター] [バイオリン] [たいこ] [ドラム] [笛(ふえ)] [フルート]を演奏(えんそう)した。
  학교 콘서트에서 [피아노] [기타] [바이올린] [북] [드럼] [피리] [플루트]를/을 연주했다.

★「演奏(えんそう)する 연주하다」는 그 밖에도 여러 악기에 사용한다.

---

3 [ピアノ] [ギター] [バイオリン] [たいこ] [ドラム] [笛(ふえ)] [フルート] ができる

- 私(わたし)は、[ピアノ] [ギター] [バイオリン] [たいこ] [ドラム] [笛(ふえ)] [フルート]ができる。
  나는 [피아노] [기타] [바이올린] [북] [드럼] [피리] [플루트]를/을 할 줄 안다.

★「できる 할 수 있다」는 그 밖에도 연습이 필요한 여러 가지 악기에 사용한다.

---

4 [たいこ] [ドラム] をたたく

- 町(まち)の行事(ぎょうじ)で、子(こ)どもたちがたいこをたたいた。
  마을의 행사에서 아이들이 북을 쳤다.
- 弟(おとうと)は、バンドでドラムをたたいている。
  남동생은 밴드에서 드럼을 치고 있다.

★「たたく 치다, 두드리다」는 여러 타악기에 사용한다.

---

5 [笛(ふえ)] [フルート] を吹(ふ)く

- お祭(まつ)りで笛(ふえ)を吹(ふ)くので、今(いま)、練習(れんしゅう)をしている。
  축제에서 피리를 불기 때문에 지금 연습을 하고 있다.
- オーケストラでフルートを吹(ふ)いている。
  오케스트라에서 플루트를 불고 있다.

★「笛(ふえ) 피리」에는「ホイッスル 호루라기」라는 의미도 있다.

★「吹(ふ)く 불다」는 그 밖에도 여러 관악기에도 사용한다.

試合(しあい)
시합, 경기
N4

1. を する(III)
   ～을/를 하다
2. に 出(で)る(II)
   ～에 나가다
3. に 出(だ)す(I)
   ～에 내보내다
4. に 勝(か)つ(I)
   ～에 이기다
   ↔ 負(ま)ける(II)
   지다
5. 激(はげ)しい
   격렬한～

チケット
티켓
N4

6. を とる(I)
   ～을 끊다
7. が とれる(II)
   ～이 잡히다,
   구해지다
8. が 売(う)れる(II)
   ～이 팔리다

교통수단의 티켓인 경우 「切符(きっぷ) 표」라고도 한다.

1	試合をする	• 今日は一日テニスの試合をして、疲れた。 오늘 하루 종일 테니스 시합을 해서 피곤하다.
2	試合に出る	• 来週サッカーの試合に出るので、毎日練習している。 다음 주 축구 시합에 나가기 때문에 매일 연습하고 있다.
3	試合に出す	• コーチは、チームの選手を全員試合に出した。 코치는 팀 선수들을 모두 경기에 내보냈다.
4	試合に勝つ ↔ 負ける	• オリンピックで、私の国は、バレーボールの試合に勝った。 올림픽에서 우리나라는 배구 경기에서 이겼다. • 毎日練習していたのに、試合に負けて、悔しい。 매일 연습했는데 시합에 져서 분하다.
5	激しい試合	• 明日のラグビーは、世界で 1 位と 2 位の強いチームがやるから、激しい試合になるだろう。 내일 럭비는 세계에서 1위와 2위의 강팀이 하기 때문에 격렬한 경기가 될 것이다.
6	チケットをとる	• 旅行のために、早く新幹線のチケットをとっておいた。 여행을 위해서 빨리 신칸센 티켓을 끊어 두었다.
7	チケットがとれる	• 私の好きな歌手は、人気がすごくて、なかなかコンサートのチケットがとれない。 내가 좋아하는 가수는 인기가 대단해서 좀처럼 콘서트 티켓을 구할 수 없다.
8	チケットが売れる	• オリンピックは、すぐにチケットが売れてなくなってしまうそうだ。 올림픽은 금방 티켓이 팔려서 없어지고 만다고 한다.

旅行(りょこう)
여행
N5

1. を する(III)
~을 하다

2. に 出(で)かける(II)
~을 가다

3. に 出(で)る(II)
~을 떠나다

ホテル
호텔
N5

4. に 泊(と)まる(I)
~에 묵다

5. に チェックインする (III)
~에 체크인하다
↕
を チェックアウトする (III)
~을 체크아웃하다

6. を 予約(よやく)する(III)
~을 예약하다

7. を とる(I)
~을 잡다

8. を 押(お)さえる(II)
~을 확보하다, 잡아 두다

1 旅行(りょこう)をする
- 私(わたし)は長(なが)い休(やす)みになると、たいてい旅行(りょこう)をする。
  나는 긴 방학이 되면 대개 여행을 한다.

2 旅行(りょこう)に出(で)かける
- ゴールデンウィークは、旅行(りょこう)に出(で)かける人(ひと)が多(おお)い。
  황금연휴 때는 여행을 가는 사람이 많다.

3 旅行(りょこう)に出(で)る
- 息子(むすこ)は今(いま)、旅行(りょこう)に出(で)ていて、うちにいない。
  아들은 지금 여행을 떠나서 집에 없다.

4 ホテルに泊(と)まる
- 京都(きょうと)に行(い)くときは、いつも同(おな)じホテルに泊(と)まる。
  교토에 갈 때는 늘 같은 호텔에 묵는다.

5 ホテルにチェックインする ↕ ホテルをチェックアウトする
- 着(つ)いてすぐホテルにチェックインして、食事(しょくじ)に出(で)かけた。
  도착하자마자 호텔에 체크인하고 식사하러 나갔다.
- 朝(あさ)10時(じ)までに、ホテルをチェックアウトしなければならない。
  아침 10시까지 호텔을(에서) 체크아웃하지 않으면 안 된다.

6 ホテルを予約(よやく)する
- 旅行(りょこう)に行(い)くときは、まずホテルを予約(よやく)する。
  여행을 갈 때는 먼저 호텔을 예약한다.

7 ホテルをとる
- 出張(しゅっちょう)のために、大阪(おおさか)にホテルをとった。
  출장을 위해서 오사카에 호텔을 잡았다.

8 ホテルを押(お)さえる
- 正月(しょうがつ)に旅行(りょこう)したいが、混(こ)むから、早(はや)くホテルを押(お)さえておこう。
  정월에 여행하고 싶은데 붐비니까 빨리 호텔을 잡아 두자.

趣味 (しゅみ)
취미
N4

1. が できる(II)
   ~가 생기다
2. が 多い(おお)
   ~가 많다
   ↔ 少ない(すく)
   적다
3. が ある(I)
   ~가 있다
   ↔ ない
   없다
4. を 持つ(も)(I)
   ~를 가지다

興味 (きょうみ)
흥미, 관심
N4

5. が わく(I)
   ~가 생기다
6. を 感じる(かん)(II)
   ~를 느끼다
7. 強い(つよ)
   강한~

1 趣味(しゅみ)ができる

- 日本(にほん)に来(き)て、絵(え)を描(か)く趣味(しゅみ)ができた。
  일본에 와서 그림 그리는 취미가 생겼다.

2 趣味(しゅみ)が多(おお)い ↔ 少(すく)ない

- 友(とも)だちは趣味(しゅみ)が多(おお)くて、歌(うた)、旅行(りょこう)といろいろ楽(たの)しんでいる。
  친구는 취미가 많아서 노래나 여행 등 다양하게 즐기고 있다.

3 [趣味(しゅみ)][興味(きょうみ)]がある ↔ ない

- 趣味(しゅみ)があると、生活(せいかつ)が楽(たの)しくなる。
  취미가 있으면 생활이 즐거워진다.
- 兄(あに)には、小説(しょうせつ)を書(か)く趣味(しゅみ)がある。
  형(오빠)에게는 소설을 쓰는 취미가 있다.
- 私(わたし)は何(なに)も趣味(しゅみ)がないので、休(やす)みの日(ひ)はテレビばかり見(み)ている。
  나는 아무 취미가 없어서 쉬는 날은 TV만 보고 있다.
- 私(わたし)は、外国(がいこく)の文化(ぶんか)に興味(きょうみ)がある。
  나는 외국의 문화에 흥미가(관심이) 있다.
- 友(とも)だちと違(ちが)って、私(わたし)はゲームに興味(きょうみ)がない。
  친구와 달리 나는 게임에 흥미가(관심이) 없다.

4 [趣味(しゅみ)][興味(きょうみ)]を持(も)つ

- ストレスをなくすためには、何(なに)か趣味(しゅみ)を持(も)つといいそうだ。
  스트레스를 없애기 위해서는 무엇인가 취미를 가지면 좋다고 한다.
- 小(ちい)さいころは、いろいろなものに興味(きょうみ)を持(も)っていた。
  어렸을 적에는 다양한 것에 흥미를 가지고 있었다.

5 興味(きょうみ)がわく

- 大学(だいがく)で講義(こうぎ)を受(う)けて、だんだん経済(けいざい)に興味(きょうみ)がわいてきた。
  대학에서 강의를 듣고 점점 경제에 흥미가 생겼다.

6 興味(きょうみ)を感(かん)じる

- 小説(しょうせつ)を読(よ)んで、その作者(さくしゃ)に興味(きょうみ)を感(かん)じた。
  소설을 읽고 그 저자에게 흥미를 느꼈다.

7 強(つよ)い興味(きょうみ)

- 私(わたし)は、日本(にほん)の歴史(れきし)に強(つよ)い興味(きょうみ)を持(も)っている。
  나는 일본 역사에 강한 흥미를(관심을) 가지고 있다.

趣味・スポーツ　확인문제

1 '~을/를 연주하다'의 형태가 되는 말을 모두 찾아 ○표 하세요.

ピアノ	ホテル	バイオリン	ギター	試合(しあい)	音楽(おんがく)

2 [　　]에서 해당되는 단어를 모두 골라 [　]에 넣으세요.

ピアノ	フルート	ギター	ドラム	バイオリン

① [　　　　　　　　　　] を弾(ひ)く

② [　　　　　　　　　　] を吹(ふ)く

③ [　　　　　　　　　　] をたたく

3 함께 쓸 수 있는 말을 [　]에서 모두 골라 ○표 하세요.

① 試合(しあい)に　[する　負(ま)ける　出(で)る　持(も)つ　かかる]

② ホテルを [チェックインする　チェックアウトする　予約(よやく)する　出(だ)す　なる]

③ 趣味(しゅみ)が　[ある　わく　持(も)つ　できる　多(おお)い]

④ 音楽(おんがく)を　[する　流(なが)す　打(う)つ　弾(ひ)く　吹(ふ)く]

⑤ 興味(きょうみ)が　[なる　出(で)る　とる　持(も)つ　わく]

4 밑줄 친 부분이 맞으면 ○표를 하고 틀리면 알맞게 고쳐서 (　)에 넣으세요.

① 隣(となり)の家(いえ)では、いつも外国(がいこく)の音楽(おんがく)をかかって (→　　　　　　) いる。

② 先生(せんせい)は、私(わたし)を試合(しあい)に出(で)て (→　　　　　　) くれなかった。

③ 私(わたし)は今(いま)、駅(えき)の近(ちか)くのホテルに泊(と)めて (→　　　　　　) います。

④ 娘(むすめ)は、英語(えいご)の勉強(べんきょう)に全然(ぜんぜん)興味(きょうみ)がない (→　　　　　　) ようだ。

⑤ コンサートのチケットは、すぐに売(う)って (→　　　　　　) しまって、

とれなかった (→　　　　　　)。

5 {　}에서 올바른 쪽을 골라 ○표 하세요.

① テレビで相撲(すもう)の { 強(つよ)い　激(はげ)しい } 試合(しあい)を見(み)た。

② 何(なに)か楽器(がっき)が { できる　演奏(えんそう)する } ようになりたい。

③ 夏休(なつやす)みの旅行(りょこう)のホテルを { 押(お)さえた　押(お)した }。

④ 私(わたし)は、日本(にほん)のアニメに興味(きょうみ)を { 持(も)って　出(だ)して } いる。

⑤ 友(とも)だちは旅行(りょこう)に { 出(で)て　出(だ)して } いて、今(いま)、留守(るす)だそうだ。

6 [　　]에서 단어를 골라 적당한 형태로 바꿔서 [　] 안에 넣으세요. 각 단어는 한 번밖에 고를 수 없습니다.

ある	ひく	かける	できる	ながれる	つよい

私(わたし)がよく行(い)く喫茶店(きっさてん)では、いつもすてきな音楽(おんがく)が [①　　　　] ている。お願(ねが)いすれば、自分(じぶん)の好(す)きな音楽(おんがく)を [②　　　　] てくれる。店(みせ)にはピアノがあって、店(みせ)の人(ひと)は「[③　　　　] てもいいですよ。」と言(い)ってくれるが、私(わたし)はピアノが [④　　　　] ないので、とても残念(ざんねん)だ。音楽(おんがく)には [⑤　　　　] 興味(きょうみ)が [⑥　　　　] から、いつか何(なに)か習(なら)いたいと思(おも)っている。

7 (　)에 들어갈 말은 무엇입니까? 1~4에서 가장 알맞은 것을 고르세요.

① 旅行(りょこう)するために、ホテルを（　　）。

1 出(だ)した　　2 持(も)った　　3 とった　　4 待(ま)った

② 試合(しあい)に（　　）ので、毎日練習(まいにちれんしゅう)をしている。

1 変(か)えたい　　2 勝(か)ちたい　　3 出席(しゅっせき)したい　　4 紹介(しょうかい)したい

③ 私(わたし)は、中国(ちゅうごく)の文学(ぶんがく)に興味(きょうみ)を（　　）いる。

1 して　　2 思(おも)って　　3 感(かん)じて　　4 出(だ)して

60~63

12
天気(てんき)
날씨

天気(てんき)
날씨
N5

1
が いい
~가 좋다
↔ 悪(わる)い
나쁘다

2
が 変(か)わる(I)
~가 변하다

雨(あめ)
비
N5

3
が 降(ふ)る(I)
~가 오다, 내리다

4
が やむ(I)
~가 멎다, 그치다

5
が 上(あ)がる(I)
~가 그치다, 개다

6
に 濡(ぬ)れる(II)
~에 젖다

7
が 強(つよ)い
~가 세차다
↔ 弱(よわ)い
약하다

8
が 多(おお)い
~가 많다
↔ 少(すく)ない
적다

9
急(きゅう)な
갑작스러운~

1 天気(てんき)がいい
↔ 悪(わる)い

- 今日(きょう)は、天気(てんき)がよくて気持(きも)ちがいい。
  오늘은 날씨가 좋아서 기분이 좋다.
- 天気(てんき)が悪(わる)いから、今日(きょう)はどこにも出(で)かけたくない。
  날씨가 나빠서 오늘은 아무 데도 나가고 싶지 않다.

いい天気(てんき) (○) 悪(わる)い天気(てんき) (×)

2 天気(てんき)が変(か)わる

- 山(やま)は天気(てんき)が変(か)わりやすいから、注意(ちゅうい)がいる。
  산은 날씨 변덕이 심해서 주의가 필요하다.

3 雨(あめ)が降(ふ)る

- 昨日(きのう)の朝(あさ)から、ずっと雨(あめ)が降(ふ)っている。
  어제 아침부터 계속 비가 내리고 있다.

4 雨(あめ)がやむ

- 雨(あめ)がやんでいる間(あいだ)に、買(か)い物(もの)に出(で)かけよう。
  비가 그친 사이에 쇼핑하러 나가자.

5 雨(あめ)が上(あ)がる

- 雨(あめ)が上(あ)がって、だんだん空(そら)が明(あか)るくなってきた。
  비가 그치고 점점 하늘이 밝아졌다.

6 雨(あめ)に濡(ぬ)れる

- ひどく雨(あめ)に濡(ぬ)れて、かぜをひいてしまった。
  심하게 비에 젖어서 감기에 걸리고 말았다.

7 雨(あめ)が強(つよ)い
↔ 弱(よわ)い

- 台風(たいふう)のせいで、雨(あめ)が強(つよ)くなってきた。
  태풍 탓에 비가 세차게 오기 시작했다.
- 雨(あめ)が弱(よわ)くなってきたから、もうすぐやむかもしれない。
  비가 약해졌으니까 이제 곧 그칠지도 모른다.

8 雨(あめ)が多(おお)い
↔ 少(すく)ない

- 雨(あめ)が多(おお)すぎると、農業(のうぎょう)に影響(えいきょう)がある。
  비가 너무 많이 오면 농업에 영향이 있다.
- 去年(きょねん)の梅雨(つゆ)は、雨(あめ)が少(すく)なかった。
  작년 장마 때는 비가 적었다.

9 急(きゅう)な雨(あめ)

- いつも傘(かさ)を持(も)っているので、急(きゅう)な雨(あめ)でも大丈夫(だいじょうぶ)だ。
  항상 우산을 가지고 있기 때문에 갑작스럽게 비가 와도 괜찮다.

空(そら)
하늘
N5

1
が 曇(くも)る (I)
~이 흐리다

2
が 明(あか)るい
~이 밝다
↔ 暗(くら)い
어둡다

3
が 晴(は)れる (II)
~이 개다

雲(くも)
구름
N4

4
が 出(で)る (II)
~이 나오다

5
が 広(ひろ)がる (I)
~이 퍼지다

6
が かかる (I)
~이 끼다

7
が 厚(あつ)い
~이 두껍다
↔ 薄(うす)い
얇다(옅다)

1 空(そら)が曇(くも)る

- 空(そら)が曇(くも)っているから、洗濯物(せんたくもの)があまり乾(かわ)かないかもしれない。
  하늘이 흐려 빨래가 잘 마르지 않을지도 모른다.

---

2 空(そら)が明(あか)るい
↔ 暗(くら)い

- 朝(あさ)が近(ちか)づいて、空(そら)が明(あか)るくなってきた。
  아침이 다가와서 하늘이 밝아 왔다.
- 急(きゅう)に空(そら)が暗(くら)くなって、雷(かみなり)が鳴(な)り始(はじ)めた。
  갑자기 하늘이 어두워지고 천둥이 치기 시작했다.

---

3 [空(そら)] [雲(くも)]が晴(は)れる

- 雲(くも)がなくなって、空(そら)が晴(は)れてきた。
  구름이 사라지고 하늘이 맑아졌다.
- 雲(くも)が晴(は)れて、太陽(たいよう)が見(み)え始(はじ)めた。
  구름이 걷히고 해가 보이기 시작했다.
  天気(てんき)が晴(は)れる (×)

---

4 雲(くも)が出(で)る

- 晴(は)れているが、雲(くも)が出(で)ているから、あまり暑(あつ)くない。
  맑지만 구름이 나와 있어서 그다지 덥지 않다.

---

5 雲(くも)が広(ひろ)がる

- 晴(は)れていたのに、北(きた)の方(ほう)からだんだん雲(くも)が広(ひろ)がってきた。
  맑았는데 북쪽에서 점점 구름이 퍼지기 시작했다.

---

6 雲(くも)がかかる

- 月(つき)に雲(くも)がかかって、半分(はんぶん)しか見(み)えない。
  달에 구름이 끼어서 반밖에 보이지 않는다.

---

7 雲(くも)が厚(あつ)い
↔ 薄(うす)い

- 今日(きょう)は雲(くも)が厚(あつ)くて、空(そら)が暗(くら)い。
  오늘은 구름이 두꺼워서 하늘이 어둡다.
- 雲(くも)が薄(うす)くなって、しばらくすると消(き)えてしまった。
  구름이 엷어지다가 잠시 후 사라져 버렸다.

雪(ゆき)

눈

N5

1 が 降(ふ)る(I)

~이 내리다

2 が 積(つ)もる(I)

~이 쌓이다

3 が やむ(I)

~이 그치다

4 が 解(と)ける(II)

~이 녹다

5 を かく(I)

~을 치우다

6 が 残(のこ)る(I)

~이 남다

7 が 多(おお)い

~이 많다

↔ 少(すく)ない

적다

8 が 深(ふか)い

~이 많이 쌓이다, 깊다

1 雪が降る
- 12月に入ってから、毎日雪が降っている。
  12월에 들어서 매일 눈이 내리고 있다.

2 雪が積もる
- 昨日だけで、1m も雪が積もった。
  어제만 1미터나 눈이 쌓였다.

3 雪がやむ
- 1週間ずっと降っていた雪が、やっとやんだ。
  일주일 내내 내리던 눈이 겨우 그쳤다.

4 雪が解ける
- 春になって、少しずつ雪が解け始めた。
  봄이 되어 조금씩 눈이 녹기 시작했다.

★「溶ける 녹다」라는 한자로 쓰기도 한다.

5 雪をかく
- 家の前に積もっている雪をかいて、通れるようにした。
  집 앞에 쌓여 있는 눈을 치워서 지나갈 수 있도록 했다.

★「雪かきをする 눈 치우기를 하다」라고도 한다.

6 雪が残る
- 富士山の山の上は、夏になってもまだ雪が残っていることがある。
  후지산의 산 위에는 여름이 되어도 여전히 눈이 남아 있을 때가 있다.

7 雪が多い ↔ 少ない
- 日本の北の地方は、冬に雪が多い。
  일본 북쪽 지방은 겨울에 눈이 많다.
- 今年の冬は雪が少なくて、スキー場も困っているそうだ。
  올 겨울은 눈이 적어서 스키장도 난처해 하고 있다고 한다.

8 雪が深い
- 私の住んでいる所は、冬は雪が深くて、外を歩きにくい。
  내가 살고 있는 곳은 겨울에 눈이 많이 쌓여서 밖을 걷기가 어렵다.

風（かぜ）
바람
N5

1. が 吹く（ふ）(I)
   ~이 불다
2. が 強い（つよ）
   ~이 세다
   ↔ 弱い（よわ）
   약하다
3. が やむ (I)
   ~이 그치다

雷（かみなり）
천둥, 벼락
N3

4. が 鳴る（な）(I)
   ~이 치다
5. が 落ちる（お）(II)
   ~이 떨어지다
6. が 光る（ひか）(I)
   ~이 번쩍이다
7. が 近い（ちか）
   ~가깝다
   ↔ 遠い（とお）
   멀다

1 風(かぜ)が吹(ふ)く

- 山(やま)の上(うえ)は、風(かぜ)が吹(ふ)いていて涼(すず)しかった。
  산 위는 바람이 불어서 시원했다.

2 風(かぜ)が強(つよ)い ↔ 弱(よわ)い

- 今日(きょう)は風(かぜ)が強(つよ)くて、歩(ある)きにくい。
  오늘은 바람이 강해서 걷기 힘들다.
- 今回(こんかい)の台風(たいふう)は風(かぜ)が弱(よわ)いが、雨(あめ)が多(おお)い。
  이번 태풍은 바람은 약하지만 비가 많이 온다.

3 [風(かぜ)][雷(かみなり)]がやむ

- 朝(あさ)からずっと強(つよ)い風(かぜ)が吹(ふ)いていたが、夜(よる)になってやっと風(かぜ)がやんだ。
  아침부터 계속 강한 바람이 불었지만 밤이 되어서야 바람이 그쳤다.
- 雷(かみなり)がやんで、外(そと)が静(しず)かになった。
  천둥이 그치고 밖이 조용해졌다.

4 雷(かみなり)が鳴(な)る

- うちの犬(いぬ)は、雷(かみなり)が鳴(な)ると、とても怖(こわ)がる。
  우리 집 개는 천둥이 치면 매우 무서워한다.

5 雷(かみなり)が落(お)ちる

- 高(たか)い木(き)には、雷(かみなり)が落(お)ちることがある。
  높은 나무에는 벼락이 떨어질 때가 있다.

6 雷(かみなり)が光(ひか)る

- 「雷(かみなり)が光(ひか)ったら、すぐ安全(あんぜん)な所(ところ)へ逃(に)げてください。」
  "벼락이 번쩍이면 즉시 안전한 곳으로 도망치세요."

7 雷(かみなり)が近(ちか)い ↔ 遠(とお)い

- 雷(かみなり)が近(ちか)いときは、建物(たてもの)の中(なか)にいた方(ほう)がいい。
  천둥이 가까울 때는 건물 안에 있는 것이 좋다.
- 雷(かみなり)が遠(とお)くなったから、このあたりにはもう落(お)ちることはないだろう。
  천둥이 멀어졌으니까 이 근처에는 더 이상 떨어질 일은 없을 것이다.

12

天気

확인문제

1 (　)에 왼쪽 말의 반대말을 넣으세요.

① 空(そら)が明(あか)るい ↔ 空(そら)が (　　　　　)

② 雨(あめ)が弱(よわ)い ↔ 雨(あめ)が (　　　　　)

③ 雲(くも)が厚(あつ)い ↔ 雲(くも)が (　　　　　)

④ 雷(かみなり)が遠(とお)い ↔ 雷(かみなり)が (　　　　　)

2 '~이/가 그치다'의 형태가 되는 말을 모두 찾아 ○표 하세요.

空(そら)	雨(あめ)	風(かぜ)	雪(ゆき)	雲(くも)	雷(かみなり)

3 함께 쓸 수 있는 말을 [　]에서 모두 골라 ○표 하세요.

① 雷(かみなり)が [降(ふ)る　光(ひか)る　変(か)わる　出(で)る　鳴(な)る]。

② 空(そら)が [出(で)る　晴(は)れる　かかる　積(つ)もる　曇(くも)る]。

③ 雪(ゆき)を [落(お)ちる　上(あ)がる　降(ふ)る　かく　解(と)ける]。

④ 雲(くも)が [かかる　変(か)わる　晴(は)れる　吹(ふ)く　曇(くも)る]。

4 밑줄 친 부분이 맞으면 ○표를 하고 틀리면 알맞게 고쳐서 (　)에 넣으세요.

① 空(そら)に雲(くも)が<u>広(ひろ)げて</u>（→　　　　　）いる。

② 公園(こうえん)の大(おお)きな木(き)に雷(かみなり)が<u>落(お)として</u>（→　　　　　）、怖(こわ)かった。

③ 外出(がいしゅつ)していたら、<u>急(きゅう)な</u>（→　　　　　）雨(あめ)で困(こま)ってしまった。

④ 道(みち)に雪(ゆき)がたくさん<u>積(つ)んで</u>（→　　　　　）いて、歩(ある)けない。

5 {　}에서 올바른 쪽을 골라 ○표 하세요.

① 雨(あめ)に { 濡(ぬ)れて　かけて }、かぜをひいてしまった。

② 天気(てんき)が { 悪(わる)い　激(はげ)しい } ので、今日(きょう)は出(で)かけるのはやめよう。

③ 台風が近づいているが、まだ風が { 小さい　　弱い }。

④ 私の故郷は、雪が { 高い　　深い } 所だ。

6 ▭ 에서 단어를 하나 골라 문장을 만드세요.

多い	少ない	残る	かかる

① 2週間前の雪が、庭にまだ＿＿＿＿＿ている。

② 雨が＿＿＿＿＿て、山の木が枯れてしまった。

③ 今年は雪が＿＿＿＿＿て、スキーが楽しめそうだ。

④ 雲が＿＿＿＿＿て、空が暗くなってきた。

7 ▭ 에서 단어를 골라 적당한 형태로 바꿔서 [ ] 안에 넣으세요. 각 단어는 한 번밖에 고를 수 없습니다.

つよい	いい	やむ	ふる	かわる	でる

先週クラスメートと山に登った。朝は [① 　　　　] 天気だったのに、昼になったら急に雲が [② 　　　　] てきて、雨が [③ 　　　　] 始めた。雨が [④ 　　　　] なってきたので、私たちは急いで山を下りたが、山の下では、もう雨は [⑤ 　　　　] でいた。山の天気は [⑥ 　　　　] やすいと思った。

8 ( )에 들어갈 말은 무엇입니까? 1～4에서 가장 알맞은 것을 고르세요.

① 暖かくなって、庭の雪が全部（　　）しまった。

1 晴れて　　2 解けて　　3 濡れて　　4 やんで

② 外は、強い風が（　　）いる。

1 吹いて　　2 降って　　3 引いて　　4 かかって

③ 雨が（　　）から、出かけよう。

1 下りた　　2 止まった　　3 下がった　　4 上がった

64~67

13 自然(しぜん)・災害(さいがい)

자연　재해

自然(しぜん)

자연

N4

1. が ある (I)
   ~이 있다
   ↔ ない
   없다

2. を 守(まも)る (I)
   ~을 지키다

3. を 壊(こわ)す (I)
   破壊(はかい)する (III)
   ~을 훼손하다, 파괴하다

4. が 残(のこ)る (I)
   ~이 남다

5. を 汚(よご)す (I)
   ~을 더럽히다

6. が 多(おお)い
   ~이 많다
   ↔ 少(すく)ない
   적다

7. が 豊(ゆた)かだ
   ~이 풍부하다

8. 厳(きび)しい
   험한~

1 **自然がある**
↔ ない

- 私の故郷には、たくさんの自然がある。
  우리 고향에는 많은 자연이 있다.
- 自然がないと、人間は生きていけない。
  자연이 없으면 인간은 살 수 없다.

2 **自然を守る**

- 未来のために、大切な自然を守りたい。
  미래를 위해서 소중한 자연을 지키고 싶다.

3 **自然を{壊す／破壊する}**

- 最近は、なるべく自然を{壊さ／破壊し}ないで街を作るようになってきた。
  최근에는 되도록 자연을 {훼손하지/파괴하지} 않고 도시를 만들게 되었다.

4 **自然が残る**

- 都会の周りには、まだたくさん自然が残っている所がある。
  도시의 주위에는 아직 많은 자연이 남아 있는 곳이 있다.

5 **自然を汚す**

- キャンプをするときは、自然を汚さないように気をつけている。
  캠핑을 할 때는 자연을 더럽히지 않도록 주의하고 있다.

6 **自然が多い**
↔ 少ない

- 自然が多い所で子どもを育てたい。
  자연이 많은 곳에서 아이를 기르고 싶다.
- 都会は、自然が少ない。
  도시는 자연이 적다.

7 **自然が豊かだ**

- 都会を離れて、自然が豊かな所で暮らしたい。
  도시를 떠나 자연이 풍요로운 곳에서 살고 싶다.

★「豊かな自然 풍부한 자연」이라는 형태로도 자주 쓴다.

예) ここは、豊かな自然とおいしい食べ物が旅行者に人気だ。
이곳은 풍부한 자연과 맛있는 음식이 여행자들에게 인기다.

8 **厳しい自然**

- 冬山では、厳しい自然の中で動物が生きている。
  겨울 산에서는 험한 자연 속에서 동물이 살고 있다.

台風(たいふう)

태풍

N4

1

が 来(く)る (III)

~이 오다

2

が 近(ちか)づく (I)

~이 다가오다

3

が 上陸(じょうりく)する (III)

~이 상륙하다

4

が 通(とお)り過(す)ぎる (II)

過(す)ぎる (II)

~이 지나가다, 지나다

5

が 強(つよ)い

~이 강하다

↔ 弱(よわ)い

약하다

6

の 目(め)

~의 눈

1 台風(たいふう)が来(く)る

- 来週(らいしゅう)、強(つよ)い台風(たいふう)が日本(にほん)へ来(く)るそうだ。
  다음 주에 강한 태풍이 일본에 온다고 한다.

2 台風(たいふう)が近(ちか)づく

- 台風(たいふう)が近(ちか)づいて、だんだん風(かぜ)が強(つよ)くなってきた。
  태풍이 다가와서 점점 바람이 강해졌다.

★ 태풍이 다가오는 장소를 말할 때는 「～に ~(으)로」를 사용한다.
예) 台風(たいふう)が日本(にほん)に近(ちか)づいている。 태풍이 일본으로 접근하고 있다.

3 台風(たいふう)が上陸(じょうりく)する

- 沖縄(おきなわ)に大(おお)きな台風(たいふう)が上陸(じょうりく)した。
  오키나와에 큰 태풍이 상륙했다.

4 台風(たいふう)が{通(とお)り過(す)ぎる／過(す)ぎる}

- 台風(たいふう)が通(とお)り過(す)ぎた後(あと)は、暑(あつ)くなることが多(おお)い。
  태풍이 지나간 후에는 더워지는 경우가 많다.
- 危(あぶ)ないので、台風(たいふう)が過(す)ぎるまでは、家(いえ)の中(なか)にいた方(ほう)がいい。
  위험하기 때문에 태풍이 지날 때까지는 집 안에 있는 것이 좋다.

★ 문어체로는 「台風(たいふう)が去(さ)る 태풍이 지나가다」라고도 한다.

5 台風(たいふう)が強(つよ)い ↔ 弱(よわ)い

- 台風(たいふう)が強(つよ)くて、道路(どうろ)の木(き)がたくさん倒(たお)れた。
  태풍이 강해서 도로의 나무가 많이 쓰러졌다.
- 台風(たいふう)が弱(よわ)くなっても、風(かぜ)はまだ吹(ふ)いている。
  태풍이 약해져도 바람은 여전히 불고 있다.

6 台風(たいふう)の目(め)

- 台風(たいふう)の目(め)に入(はい)ると、風(かぜ)がやむそうだ。
  태풍의 눈에 들어가면 바람이 그친다고 한다.

じ しん
地震
지진

N4

1

が ある(I)

~이 있다

↔ ない

없다

2

が 起(お)きる(II)

~이 일어나다

3

が 来(く)る(III)

~이 오다

4

が おさまる(I)

~이 가라앉다

5

が 強(つよ)い

~이 강하다

↔ 弱(よわ)い

약하다

6

が 大(おお)きい

~이 크다

↔ 小(ちい)さい

작다

1 地震がある

↔ ない

- 昨日寝ているとき、地震があって目が覚めた。
  어제 자고 있을 때, 지진이 나서 깼다.
- 私の国には地震がないので、日本で地震にあって怖かった。
  우리나라에는 지진이 없기 때문에 일본에서 지진이 나서 무서웠다.

---

2 地震が起きる

- 日本は、今まで何度も大きな地震が起きている。
  일본은 지금까지 몇 번이나 큰 지진이 일어나고 있다.

★「起きる 일어나다」는 그 밖에도 다양한 재해에 사용한다.

---

3 地震が来る

- 最近のビルは、地震が来ても倒れないように作られている。
  최근의 빌딩은 지진이 와도 쓰러지지 않도록 만들어져 있다.

---

4 地震がおさまる

- 地震がおさまってから、部屋を出て、外の様子を見た。
  지진이 가라앉고 나서 방을 나와 밖의 모습을 보았다.

---

5 地震が強い

↔ 弱い

- 地震が強くて、立ち上がることができなかった。
  지진이 강해서 일어설 수 없었다.
- 地震が弱かったので、気がつかなかった。
  지진이 약해서 알아차리지 못했다.

---

6 地震が大きい

↔ 小さい

- 地震が大きくて、電車も地下鉄も全部止まってしまった。
  지진이 커서 전철도 지하철도 모두 멈춰 버렸다.
- 動物は、地震が小さくても、とても怖がる。
  동물은 지진이 작아도 매우 무서워한다.

1

が 来(く)る(III)

~이 오다

2

が 起(お)きる(I)

~이/가 일어나다

3

が 引(ひ)く(I)

~이/가 물러가다

津波(つなみ)

해일(쓰나미)

N1

洪水(こうずい)

홍수

N1

4

が おさまる(I)

~이 잠잠해지다

5

が 大(おお)きい

~이 크다

↔ 小(ちい)さい

작다

6

が 高(たか)い

~이 높다

↔ 低(ひく)い

낮다

1 津波が来る
- 地震の後、津波が来ると聞いたので、高い所へ逃げた。
  지진 뒤에 해일이 온다고 들어서 높은 곳으로 도망쳤다.

2 [津波][洪水]が起きる
- 地震で津波が起きた。
  지진으로 해일이 일어났다.
- 強い雨が何日も続いて、洪水が起きた。
  강한 비가 며칠이나 계속되어 홍수가 났다.

3 [津波][洪水]が引く
- 津波がなかなか引かなかった。
  해일이 좀처럼 물러가지 않았다.
- 洪水が引いたのは、1週間も後だった。
  홍수가 빠진 것은 1주일이나 지나서였다.

4 津波がおさまる
- 3時間続いた津波が、やっとおさまった。
  3시간이나 계속된 해일이 겨우 잠잠해졌다.

5 津波が大きい ↔ 小さい
- 弱い地震なのに、津波が大きかった。
  약한 지진인데도 해일이 컸다.
- 津波が小さくても、海の近くに行ってはいけない。
  해일이 작아도 바다 근처에 가서는 안 된다.

6 津波が高い ↔ 低い
- この前の地震のときは、津波が高くて、10ｍもあった。
  지난번 지진 때는 해일이 높아서 10m나 되었다.
- 予報より津波が低くて、2ｍと言っていたのが50㎝だった。
  예보보다 해일이 낮아서 2m라고 했는데 50cm였다.

13

自然・災害　확인문제

1 (　)에 왼쪽 말의 반대말을 넣으세요.

① 自然(しぜん)がある　↔　自然(しぜん)が（　　　　　　）

② 津波(つなみ)が高(たか)い　↔　津波(つなみ)が（　　　　　　）

③ 地震(じしん)が大(おお)きい　↔　地震(じしん)が（　　　　　　）

④ 台風(たいふう)が強(つよ)い　↔　台風(たいふう)が（　　　　　　）

2 '~이/가 오다'의 형태가 되는 말을 모두 찾아 ○표 하세요.

津波(つなみ)	地震(じしん)	自然(しぜん)	台風(たいふう)	洪水(こうずい)

3 함께 쓸 수 있는 말을 [　]에서 모두 골라 ○표 하세요.

① 台風(たいふう)が［来(く)る　ある　上陸(じょうりく)する　降(お)りる　過(す)ぎる］

② 地震(じしん)が［する　行(い)く　強(つよ)い　高(たか)い　重(おも)い］

③ 津波(つなみ)が［起(お)きる　引(ひ)く　大(おお)きい　広(ひろ)い　長(なが)い］

④ 自然(しぜん)を［守(まも)る　壊(こわ)す　破壊(はかい)する　多(おお)い　大(おお)きい］

4 밑줄 친 부분이 맞으면 ○표 하고 틀리면 알맞게 고쳐서 (　)에 넣으세요.

① 村(むら)の大切(たいせつ)な自然(しぜん)を<u>汚れて</u>（→　　　　　　）はいけない。

② 地震(じしん)のときは、すぐに逃(に)げないで、地震(じしん)が<u>おさめる</u>（→　　　　　　）まで待(ま)つといい。

③ 街(まち)は、台風(たいふう)の<u>耳</u>(みみ)（→　　　　　　）に入(はい)って、風(かぜ)がやんだ。

④ たとえ<u>小(ちい)さい</u>（→　　　　　　）津波(つなみ)でも、海(うみ)の近(ちか)くに行(い)ってはいけない。

⑤ ひどい雨(あめ)で洪水(こうずい)が<u>起(お)こした</u>（→　　　　　　）。

5 { }에서 올바른 쪽을 골라 ○표 하세요.

① ビルや工場が増えて、自然が { 少なく　小さく } なってきた。

② 私は、どんなに { 弱い　少ない } 地震でも、すぐに感じる。

③ 台風が日本に { 近づいて　寄って } きている。

④ 田舎には、自然がたくさん { 残って　守って } いる。

⑤ 洪水は、3日後に { 消えた　引いた }。

6 [　] 에서 단어를 골라 적당한 형태로 바꿔서 [ ] 안에 넣으세요. 각 단어는 한 번밖에 고를 수 없습니다.

たかい	つよい	ない	ゆたかだ	おきる	おさまる

私の国は自然が [①　　　　　] 所だが、よく地震が [②　　　　　] る。3年前に経験した地震は、それまでで一番 [③　　　　　] た。地震の後、津波も来た。大変 [④　　　　　] 津波で、[⑤　　　　　] まで何時間もかかって、とても怖かった。私は自分の国が大好きだが、将来は、地震が [⑥　　　　　] 所に住みたいと思っている。

7 ( )에 들어갈 말은 무엇입니까? 1~4에서 가장 알맞은 것을 고르세요.

① 人間は、(　　) 自然の中でも生きていかなければならない。

1 厳しい　　2 重い　　3 痛い　　4 苦しい

② 台風は、すぐに (　　) しまった。

1 走って　　2 通り過ぎて　　3 起きて　　4 とまって

③ 大きい地震があったが、(　　) 津波しか来なかった。

1 細い　　2 短い　　3 低い　　4 少ない

68~73

14

からだ
体
몸

1
を ふる(I)
~을/를 흔들다

2
ま
を 曲げる(II)
~을 구부리다

3
ま
が 曲がる(I)
~이 꺾이다

あたま
頭
머리
N5

くび
首
목(고개)
N4

のど
목구멍
N4

4
が かわく(I)
~이 마르다

5
が こる(I)
~가 결리다

6
を たたく(I)
~를 두드리다

かた
肩
어깨
N3

7
く
を 組む(I)
어깨동무를 하다

1 [頭][首]をふる

- 「お菓子食べる？」と聞くと、子どもは[頭][首]をふった。
  "과자 먹을래?"하며 물었더니 아이는 [머리] [고개]를 저었다.
- ★ Yes일 때는「{頭／首}を縦にふる {머리/고개}를 세로로 끄덕이다」, No일 때는「{頭／首}を横にふる {머리/고개}를 가로젓는다」라고도 한다.

2 首を曲げる

- 首を曲げる体操をした。
  목을(고개를) 구부리는 체조를 했다.

3 首が曲がる

- 体がかたいので、大きく首が曲がらない。
  몸이 굳어서 크게 목이(고개가) 안 돌아간다.

4 のどがかわく

- のどがかわいて、水をたくさん飲んだ。
  목이 말라서 물을 많이 마셨다.
- ★ 매우 목이 마를 때는「のどがからからだ 목이 바짝바짝 탄다」라고도 한다.

5 肩がこる

- 父はすぐ肩がこるので、よく薬を塗っている。
  아버지는 금방 어깨가 결려서 자주 약을 바른다.

6 肩をたたく

- a. 後ろから急に肩をたたかれたので、びっくりして後ろを見たら、兄だった。
  뒤에서 갑자기 어깨를 두드려서 깜짝 놀라 뒤를 보니 오빠(형)였다.

  b. 母が、肩がこったと言うので、肩をたたいてあげた。
  어머니가 어깨가 뻐근하다고 해서 어깨를 두드려 드렸다.

7 肩を組む

- 友だちと肩を組んで、一緒に歌を歌った。
  친구와 어깨동무를 하고 함께 노래를 불렀다.

1

を 切(き)る(I)

カットする(III)

~를 자르다, 커트하다

2

が 伸(の)びる(II)

~가 자라다

3

を 伸(の)ばす(I)

~를 기르다

髪(かみ)

머리(카락)

N5

4

が 生(は)える(II)

~가 나다

5

が 抜(ぬ)ける(II)

~가 빠지다

6

を とかす(I)

~를 빗다

7

を 染(そ)める(II)

~를 염색하다

1 髪を{切る／カットする}	• 髪が長くなったので、美容院で髪を{切っ／カットし}た。 머리가 길어져서 미용실에서 머리를 {잘랐다/커트했다}. ★ 미용실에서 「髪を{切っ／カットし}てもらう 머리를 {잘라/커트해} 달라고 하다」라는 표현도 있다. • 自分で上手に髪を{切る／カットする}のは、難しい。 스스로 능숙하게 머리를 {자르는/커트하는} 것은 어렵다.
2 髪が伸びる	• 半年美容院へ行かなかったら、かなり髪が伸びた。 반년 동안 미용실에 안 갔더니 꽤 머리가 자랐다.
3 髪を伸ばす	• 結婚式でドレスを着るために、今、髪を伸ばしている。 결혼식에서 드레스를 입기 위해서 지금 머리를 기르고 있다.
4 髪が生える	• 姉の子は生まれたばかりなのに、ずいぶん髪が生えている。 언니(누나)의 아이는 태어난 지 얼마 안 되었는데 꽤 머리가 나 있다.
5 髪が抜ける	• ストレスが多いと、よく髪が抜けるそうだ。 스트레스가 많으면 자꾸 머리가 빠진다고 한다.
6 髪をとかす	• ブラシを使って髪をとかす。 브러시를 사용하여 머리를 빗는다.
7 髪を染める	• 友だちは、茶色に髪を染めている。 친구는 갈색으로 머리를 염색했다.

目(め)
눈
N5

1
を 閉(と)じる (II)
~을 감다
↔ 開(あ)ける (II)
開(ひら)く (I)
뜨다

2
が 覚(さ)める (II)
~이 뜨이다

3
が 見(み)える (II)
~이 보이다

4
が いい
~이 좋다
↔ 悪(わる)い
나쁘다

耳(みみ)
귀
N5

5
が 聞(き)こえる (II)
~가 들리다

6
が 遠(とお)い
~가 어둡다

鼻(はな)
코
N5

7
が つまる (I)
~가 막히다

8
を かむ (I)
~를 풀다

1 **目(め)を閉(と)じる**
↔ {開(あ)ける／開(ひら)く}

- 目(め)を閉(と)じて、ゆっくり音楽(おんがく)を聞(き)いた。
  눈을 감고 천천히 음악을 들었다.
- 授業中(じゅぎょうちゅう)、眠(ねむ)くて目(め)を {開(あ)け／開(ひら)い} ていられなかった。
  수업 중에 졸려서 눈을 뜨고 있을 수 없었다.

---

2 **目(め)が覚(さ)める**

- 夜中(よなか)に大(おお)きな音(おと)で目(め)が覚(さ)めた。
  밤중에 큰 소리에 눈이 뜨였다(잠에서 깼다).

---

3 **目(め)が見(み)える**

- 赤(あか)ちゃんは、生(う)まれたときから目(め)が見(み)えるそうだ。
  아기는 태어날 때부터 눈이 보인다고 한다.

---

4 **[目(め)] [耳(みみ)]がいい**
↔ 悪(わる)い

- 私(わたし)は目(め)がよくて、遠(とお)くの物(もの)でもはっきり見(み)える。
  나는 눈이 좋아서 멀리 있는 것도 또렷하게 보인다.
- 目(め)が悪(わる)いので、運転(うんてん)するときは必(かなら)ずめがねをかける。
  눈이 나빠서 운전할 때는 반드시 안경을 쓴다.
- 耳(みみ)がいい人(ひと)は、小(ちい)さい音(おと)でもよく聞(き)こえる。
  귀가 좋은 사람은 작은 소리도 잘 들린다.
- 耳(みみ)が悪(わる)くなって、小(ちい)さい音(おと)が聞(き)こえにくい。
  귀가 나빠져서 작은 소리가 잘 들리지 않는다.

---

5 **耳(みみ)が聞(き)こえる**

- トンネルから出(で)た後(あと)、しばらく耳(みみ)が聞(き)こえにくかった。
  터널에서 나온 후, 한동안 귀가 잘 들리지 않았다.

---

6 **耳(みみ)が遠(とお)い**

- 祖父(そふ)は、年(とし)を取(と)って耳(みみ)が遠(とお)くなった。
  할아버지는 연세가 들어 귀가 어두워지셨다.

★ 어르신들에게 쓰는 경우가 많다.

---

7 **鼻(はな)がつまる**

- かぜで鼻(はな)がつまって苦(くる)しい。
  감기 때문에 코가 막혀서 괴롭다.

---

8 **鼻(はな)をかむ**

- 鼻水(はなみず)が出(で)るので、鼻(はな)をかんだ。
  콧물이 나와서 코를 풀었다.

1

を 開ける(II)
~을 벌리다
↔ 閉じる(II)
다물다

2

を 押さえる(II)
~을 가리다

口
입
N5

3

に くわえる(II)
~에 물다

4

を みがく(I)
~를 닦다

5

が 生える(II)
~가 나다

歯
치아, 이
N5

6

が 抜ける(II)
~가 빠지다

7

を 抜く(I)
~를 뽑다

8

に しみる(II)
~가 시리다

1 口(くち)を開(あ)ける ↔ 閉(と)じる

- 歯医者(はいしゃ)でずっと口(くち)を大(おお)きく開(あ)けていたので、あごが痛(いた)くなった。
  치과에서 계속 입을 크게 벌리고 있었기 때문에 턱이 아파졌다.
- 開(あ)けた口(くち)を閉(と)じた。
  벌어진 입을 다물었다.

★「口(くち)を閉(と)じる 입을 다물다」는 '아무 말도 하지 않다'라는 뜻도 있다.

---

2 口(くち)を押(お)さえる

- 周(まわ)りの人(ひと)に迷惑(めいわく)なので、口(くち)を押(お)さえてせきをした。
  주위 사람에게 폐가 되므로 입을 가리고 기침을 했다.

---

3 口(くち)にくわえる

- 犬(いぬ)が骨(ほね)を口(くち)にくわえている。
  개가 뼈를 입에 물고 있다.

---

4 歯(は)をみがく

- 私(わたし)は、1日(にち)3回(かい)、食事(しょくじ)の後(あと)で歯(は)をみがく。
  나는 하루 3번 식사 후에 이를 닦는다.

---

5 歯(は)が生(は)える

- 赤(あか)ちゃんのかわいい歯(は)が生(は)えてきた。
  아기에게 귀여운 이가 나기 시작했다.

---

6 歯(は)が抜(ぬ)ける

- 子(こ)どもは、一度(いちど)歯(は)が抜(ぬ)けて、大人(おとな)の歯(は)に代(か)わる。
  아이는 한 번 치아가 빠지고 나서 어른의 치아로 바뀐다.

---

7 歯(は)を抜(ぬ)く

- 歯医者(はいしゃ)で、虫歯(むしば)になった歯(は)を抜(ぬ)いた。
  치과에서 충치가 생긴 이를 뽑았다.

★「歯医者(はいしゃ)で歯(は)を抜(ぬ)いてもらう 치과에서 이를 뽑는다」는 표현도 있다.

---

8 歯(は)にしみる

- 冷(つめ)たい水(みず)が歯(は)にしみて痛(いた)い。
  찬물에 이가 시려서 아프다.

★「歯(は)がしみる 이가 시리다」는 표현도 있다.
예) 冷(つめ)たい水(みず)を飲(の)むと、歯(は)がしみる。 찬물을 마시면 이가 시리다.

腕(うで)
팔
N4

1. を 曲(ま)げる (II)
~을 굽히다
↔ 伸(の)ばす (I)
뻗다

2. を 組(く)む (I)
~을 끼다

指(ゆび)
손가락
N4

3. を 差(さ)す (I)
~으로 가리키다

手(て)
손
N5

4. を 上(あ)げる (II)
~을 들다

5. を 握(にぎ)る (I)
~을 잡다

6. を つなぐ (I)
~을 잡다

7. を たたく (I)
~을 치다

8. を ふる (I)
~을 흔들다

9. が 届(とど)く (I)
~이 닿다

1 [腕(うで)][指(ゆび)]を曲(ま)げる
↔ 伸(の)ばす

• [腕(うで)][指(ゆび)]を曲(ま)げたり伸(の)ばしたりして、パソコンの疲(つか)れをとった。
[팔][손가락]을 굽혔다 폈다 하며 컴퓨터로 인한 피로를 풀었다.

2 腕(うで)を組(く)む

• a. 私(わたし)は、難(むずか)しいことを考(かんが)えるとき、腕(うで)を組(く)んでしまう。
나는 어려운 일을 생각할 때 팔짱을 끼게 된다.

• b. 恋人(こいびと)と腕(うで)を組(く)んで歩(ある)いた。
애인과 팔짱을 끼고 걸었다.

3 指(ゆび)を差(さ)す

• 日本(にほん)では、人(ひと)に指(ゆび)を差(さ)すのは失礼(しつれい)だ。
일본에서는 사람에게 삿대질을 하는 것은 실례이다.

4 手(て)を上(あ)げる

• 授業中(じゅぎょうちゅう)、質問(しつもん)があるときは、まず手(て)を上(あ)げる。
수업 중에 질문이 있을 때는 먼저 손을 든다.

5 手(て)を握(にぎ)る

• a. 友(とも)だちと会(あ)って、最後(さいご)に二人(ふたり)で手(て)を握(にぎ)って別(わか)れた。
친구와 만나고, 마지막으로 둘이서 손을 잡은 후(악수를 하고) 헤어졌다.

★「握手(あくしゅ)する 악수하다」라고도 한다.

• b. 面接(めんせつ)の間(あいだ)、ずっと手(て)を握(にぎ)っていたので、手(て)に汗(あせ)をかいた。
면접 내내 손을 쥐고 있어서 손에 땀이 났다.

6 手(て)をつなぐ

• 子(こ)どもたちが手(て)をつないで、一緒(いっしょ)に歩(ある)いている。
아이들이 손을 잡고 함께 걷고 있다.

7 手(て)をたたく

• a. 手(て)をたたきながら歌(うた)を歌(うた)った。
손뼉을 치면서 노래를 불렀다.

• b. 歌手(かしゅ)の歌(うた)がとてもうまかったので、手(て)をたたいた。
가수가 노래를 너무 잘해서 손뼉을 쳤다.

8 手(て)をふる

• 帰(かえ)るとき、「バイバイ」と友(とも)だちに手(て)をふった。
돌아갈 때 '바이 바이'하고 친구에게 손을 흔들었다.

9 手(て)が届(とど)く

• 本棚(ほんだな)が高(たか)くて、一番上(いちばんうえ)に手(て)が届(とど)かない。
책장이 높아서 제일 위 칸에 손이 닿지 않는다.

おなか
배
N5

1
が すく(I)
減(へ)る(I)
~가 고프다

2
が いっぱいだ
~가 부르다

3
を 壊(こわ)す(I)
~를 고장 내다
(배탈이 나다)

脚(あし)・足(あし)
다리 · 발
N5

4
〈脚(あし)〉 다리
を 伸(の)ばす(I)
~를 뻗다
↔ 曲(ま)げる(II)
접다

5
〈脚(あし)〉 다리
を 組(く)む(I)
~를 꼬다

6
〈足(あし)〉 발
が しびれる(II)
~이 저리다

7
〈足(あし)〉 발
が 速(はや)い
~이 빠르다
↔ 遅(おそ)い
느리다

다리 전체의 경우는 「脚(あし)」, 발끝만 말하는 경우는 「足(あし)」라는 한자를 사용한다.

1 おなかが{すく／減(へ)る}

- 今日(きょう)はほとんど食事(しょくじ)をしていないので、おなかが{すい／減(へ)っ}た。
  오늘은 거의 식사를 하지 않았기 때문에 배가 고팠다.

★ 몹시 배가 고플 때는「おなかがぺこぺこだ」라고도 한다.

2 おなかがいっぱいだ

- たくさん食(た)べて、おなかがいっぱいになった。
  많이 먹어서 배가 불렀다.

3 おなかを壊(こわ)す

- 私(わたし)は、牛乳(ぎゅうにゅう)を飲(の)むとおなかを壊(こわ)す。
  나는 우유를 마시면 배탈이 난다.

4 脚(あし)を伸(の)ばす ↔ 曲(ま)げる

- 飛行機(ひこうき)に長(なが)く乗(の)っているときは、ときどき脚(あし)を伸(の)ばしたり曲(ま)げたりした方(ほう)がいい。
  비행기에 오래 타고 있을 때는 가끔 다리를 뻗었다 접었다 하는 것이 좋다.

5 脚(あし)を組(く)む

- 脚(あし)を組(く)んで座(すわ)ると、相手(あいて)に失礼(しつれい)だと思(おも)われることがある。
  다리를 꼬고 앉으면 상대방에게 실례라고 여겨지는 경우가 있다.

6 足(あし)がしびれる

- 長(なが)い間(あいだ)たたみに座(すわ)っていたので、足(あし)がしびれた。
  오랫동안 다다미(일본식 전통 바닥재)에 앉아 있었기 때문에 다리가 저렸다.

7 足(あし)が速(はや)い ↔ 遅(おそ)い

- 弟(おとうと)は足(あし)が速(はや)くて、100m(メートル)を12秒(びょう)で走(はし)る。
  남동생은 발이 빨라서 100m를 12초에 달린다.
- 足(あし)が遅(おそ)いので、電車(でんしゃ)に遅(おく)れそうになることが多(おお)い。
  걸음이 느려서 전철을 놓칠 뻔한 적이 많다.

확인문제

1 함께 쓸 수 있는 말을 [ ]에서 모두 골라 ○표 하세요. ____에는 왼쪽에 밑줄 친 말의 반대말을 쓰세요.

① [目(め)　耳(みみ)　口(くち)　指(ゆび)　足(あし)] が いい　↔ ________

② [頭(あたま)　肩(かた)　腕(うで)　指(ゆび)　足(あし)] が 速(はや)い　↔ ________

③ [目(め)　耳(みみ)　鼻(はな)　口(くち)　のど] を 開(あ)ける　↔ ________

④ [頭(あたま)　のど　腕(うで)　おなか　脚(あし)] を 曲(ま)げる　↔ ________

2 □에서 해당되는 단어를 모두 골라 [ ]에 넣고, 조사를 ( )에 넣으세요.

頭(あたま)	髪(かみ)	首(くび)	肩(かた)	腕(うで)	手(て)	脚(あし)	歯(は)

① [　　　　　　] (　　) 生(は)える　② [　　　　　　] (　　) 抜(ぬ)ける

③ [　　　　　　] (　　) 組(く)む　④ [　　　　　　] (　　) ふる

3 올바른 문장이 되도록 왼쪽과 오른쪽의 말을 선으로 연결하세요.

① デートで恋人(こいびと)と手(て)を　・　　・上(あ)げた。

② 歌手(かしゅ)に向(む)かって手(て)を　・　　・つないだ。

③ あいさつで相手(あいて)の手(て)を・　　・たたいた。

④ 一番高(いちばんたか)い棚(たな)に手(て)が　・　　・届(とど)いた。

⑤ 質問(しつもん)する前(まえ)に手(て)を　・　　・握(にぎ)った。

4 { }에서 올바른 쪽에 ○표 하세요.

① たくさん歌(うた)を歌(うた)って、のどが { すいた　かわいた }。

② おなかが { いっぱいで　たくさんで }、何(なに)も食(た)べられない。

③ 手話(しゅわ)は、耳(みみ)が { 聞(き)けない　聞(き)こえない } 人(ひと)のために使(つか)われる。

④ 鼻(はな)が { 閉(と)じて　つまって }、話(はな)すと苦(くる)しい。

⑤ 姉(あね)は、笑(わら)うとき口(くち)を { 押(お)す　押(お)さえる }。

5 { }에서 올바른 쪽에 ○표 하세요.

① 人に指を { 立つ　差す } のは、失礼だと考えられている。

② 冷たい水を飲むと、歯に { しみる　入る } ようになった。

③ 鼻を強く { かんだら　くわえたら }、鼻から血が出た。

④ 長い時間たたみに座っていたので、足が { ちぢんだ　しびれた }。

6 밑줄 친 부분이 맞으면 ○표를 하고 틀리면 알맞게 고쳐서 ( )에 넣으세요.

① 首が痛くて、なかなか曲げない（→　　　　　）。

② ドレスに似合うように、髪を伸びて（→　　　　　）いる。

③ 古い牛乳を飲んで、おなかを壊した（→　　　　　）。

④ 歯医者へ行って、虫歯を抜けた（→　　　　　）。

⑤ 赤ちゃんは、生まれたときから目が見られる（→　　　　　）。

7 ☐에서 단어를 골라 적당한 형태로 바꿔서 [ ] 안에 넣으세요. 각 단어는 한 번밖에 고를 수 없습니다.

きる	こる	そめる	とかす	たたく

美容院へ行った。まず、髪を［①　　　　　］てから、シャンプーをして、それから、短く［②　　　　　］てもらった。次に、髪を少し明るい色に［③　　　　　］た。最後に、肩が［④　　　　　］ていたので、店の人が［⑤　　　　　］てくれた。気持ちがよかったし、髪も似合っていてよかった。

8 ( )에 들어갈 말은 무엇입니까? 1~4에서 가장 알맞은 것을 고르세요.

① 昼ごはんを食べなかったので、夜、とてもおなかが（　　）。

1 あいた　　2 ぬいた　　3 すいた　　4 かわいた

② 朝早く、何か大きな音で目が（　　）。

1 開いた　　2 覚めた　　3 見えた　　4 起きた

③ 祖母は耳が（　　）ので、家族は大きな声で話すようにしている。

1 深い　　2 狭い　　3 遠い　　4 長い

74~78

15

病気(びょうき)・健康(けんこう)

병 건강

かぜ
감기
N5

1. を ひく(I)
~에 걸리다, ~가 들다

2. に かかる(I)
~에 걸리다, ~가 들다

3. が 治る(なお)(I)
~가 낫다

4. を 治す(なお)(I)
~를 고치다

5. が うつる(I)
~가 옮다

6. を うつす(I)
~를 옮기다

7. が はやる(I)
~가 유행하다

8. が 軽い(かる)
~이 가볍다
↔ 重い(おも)
ひどい
무겁다, 지독하다

한자로는 「風邪(かぜ) 감기」라고 쓴다.
2~8은 「インフルエンザ 독감」과 같이 남에게 옮기는 병에도 쓴다.

1	かぜをひく	• かぜをひいて、学校(がっこう)を休(やす)んだ。 감기에 걸려서 학교를 쉬었다.
2	かぜにかかる	• クラスメートの多(おお)くがかぜをひいていて、私(わたし)もかぜにかかってしまった。 반 친구들 대부분이 감기에 걸려서 나도 감기에 걸리고 말았다. ★「病院(びょういん)にかかる 병원에 진찰받으러 가다」라는 표현도 있다.
3	かぜが治(なお)る	• 薬(くすり)を飲(の)んだら、すぐかぜが治(なお)った。 약을 먹었더니 금방 감기가 나았다.
4	かぜを治(なお)す	• 来週(らいしゅう)、入学試験(にゅうがくしけん)があるので、早(はや)くかぜを治(なお)さなければならない。 다음 주에 입학 시험이 있기 때문에 빨리 감기를 치료하지 않으면 안 된다.
5	かぜがうつる	• 夫(おっと)のかぜが、私(わたし)にうつってしまった。 남편의 감기가 나에게 옮아 버렸다.
6	かぜをうつす	• 他(ほか)の人(ひと)にかぜをうつさないように、マスクをしている。 다른 사람에게 감기를 옮기지 않도록 마스크를 하고 있다.
7	かぜがはやる	• 学校(がっこう)でかぜがはやって、大勢(おおぜい)の学生(がくせい)が授業(じゅぎょう)を休(やす)んでいる。 학교에서 감기가 유행해서 많은 학생들이 수업을 쉬고 있다.
8	かぜが軽(かる)い ↔ {重(おも)い／ひどい}	• かぜが軽(かる)かったので、病院(びょういん)へ行(い)かなかった。 가벼운 감기였기 때문에 병원에 가지 않았다. • かぜが {重(おも)い／ひどい} ので、病院(びょういん)でみてもらった。 감기가 {심해서/지독해서} 병원에서 진찰받았다. ★「ひどい 심하다」는「熱(ねつ) 열」,「せき 기침」에도 쓴다. 예) 熱(ねつ)がひどくて、動(うご)けなかった。 열이 심해서 움직일 수 없었다. 예) かぜをひいて、せきがひどい。 감기에 걸려서 기침이 심하다.

熱(ねつ)
열
N4

1
が 出(で)る(II)
~이 나다

2
が ある(I)
~이 있다
↔ ない
없다

3
が 高(たか)い
~이 높다
↔ 低(ひく)い
낮다

4
を 測(はか)る(I)
~을 재다

5
が 上(あ)がる(I)
~이 오르다
↔ 下(さ)がる(I)
내리다

6
を 下(さ)げる(II)
~을 내리다

せき
기침
N3

7
を する(III)
~을 하다

8
が 出(で)る(II)
~이 나오다

9
が 止(と)まる(I)
~이 멎다

10
を 止(と)める(II)
~을 멈추다

1. **熱(ねつ)が出(で)る**
   - かぜをひいて、高(たか)い熱(ねつ)が出(で)た。
     감기에 걸려 고열이 났다.

2. **熱(ねつ)がある** ↔ ない
   - 熱(ねつ)があって苦(くる)しいので、病院(びょういん)へ行(い)った。
     열이 있고 괴로워서 병원에 갔다.
   - かぜをひいたが、全然熱(ぜんぜんねつ)がなかった。
     감기에 걸렸지만 전혀 열이 없었다.

3. **熱(ねつ)が高(たか)い** ↔ 低(ひく)い
   - 熱(ねつ)が高(たか)くて、39℃(ど)もある。
     열이 높아서 39℃나 된다.
   - かぜをひいたが、熱(ねつ)が低(ひく)いから、心配(しんぱい)しなくていい。
     감기에 걸렸지만 열은 낮으니까 걱정하지 않아도 된다.

4. **熱(ねつ)を測(はか)る**
   - 体(からだ)が熱(あつ)いので熱(ねつ)を測(はか)ったら、38℃(ど)だった。
     몸이 뜨거워서 열을 쟀더니 38℃였다.

5. **熱(ねつ)が上(あ)がる** ↔ 下(さ)がる
   - 薬(くすり)を飲(の)んで寝(ね)たのに、昨日(きのう)より熱(ねつ)が上(あ)がってしまった。
     약을 먹고 잤는데 어제보다 열이 더 올라 버렸다.
   - 一晩(ひとばん)寝(ね)たら、熱(ねつ)が下(さ)がった。
     하룻밤 잤더니 열이 내렸다.

6. **熱(ねつ)を下(さ)げる**
   - 熱(ねつ)を下(さ)げるために、頭(あたま)を冷(ひ)やした。
     열을 내리기 위해 머리를 식혔다.

7. **せきをする**
   - 友(とも)だちがかぜをひいて、ひどいせきをしている。
     친구가 감기에 걸려 심하게 기침을 하고 있다.

8. **せきが出(で)る**
   - 今朝(けさ)からずっとせきが出(で)て、なかなか止(と)まらない。
     오늘 아침부터 계속 기침이 나서 좀처럼 멈추지 않는다.

9. **せきが止(と)まる**
   - 水(みず)をたくさん飲(の)んだら、少(すこ)しせきが止(と)まった。
     물을 많이 마셨더니 조금 기침이 멎었다.

10. **せきを止(と)める**
    - せきを止(と)める薬(くすり)を飲(の)んだら、よくなった。
      기침을 멈추는 약을 먹었더니 좋아졌다.

けが
부상, 상처
N4

1. [を] する (III)
~을 입다

2. [が] 治(なお)る (I)
~이 낫다

3. [を] 治(なお)す (I)
~을 치료하다

4. [が] 軽(かる)い
~이 가볍다
↔ ひどい
심하다

血(ち)
피
N4

5. [が] 出(で)る (II)
~가 나다

6. [が] 流(なが)れる (II)
~가 흐르다

7. [が] 止(と)まる (I)
~가 멎다

8. [を] 止(と)める (II)
~를 멎게 하다

1. **けがをする**
   - 転(ころ)んで、足(あし)にけがをした。
     넘어져서 다리에 부상을 입었다.

2. **けがが治(なお)る**
   - けがが治(なお)るまでに3週間(しゅうかん)かかった。
     상처가 나을 때까지 3주가 걸렸다.

3. **けがを治(なお)す**
   - けがを早(はや)く治(なお)すためには、食事(しょくじ)も大切(たいせつ)だ。
     부상을 빨리 치료하려면 식사도 중요하다.

4. **けがが軽(かる)い**
   ↔ ひどい
   - 父(ちち)が事故(じこ)にあったが、けがが軽(かる)かったので安心(あんしん)した。
     아버지는 사고를 당했지만 부상이 가벼워서 안심했다.
   - けががひどかったので、入院(にゅういん)した。
     상처가 심해서 입원했다.

5. **血(ち)が出(で)る**
   - ちょっとけがをしただけなのに、たくさん血(ち)が出(で)た。
     조금 다쳤을 뿐인데 피가 많이 났다.

6. **血(ち)が流(なが)れる**
   - ドアにひどくぶつかって、頭(あたま)から血(ち)が流(なが)れた。
     문에 심하게 부딪혀서 머리에서 피가 흘렀다.

7. **血(ち)が止(と)まる**
   - 鼻(はな)から血(ち)が出(で)たが、しばらく上(うえ)を向(む)いていたら、血(ち)が止(と)まった。
     코에서 피가 나왔지만 잠시 고개를 뒤로 젖히고 있었더니 피가 멈췄다.

8. **血(ち)を止(と)める**
   - 指(ゆび)を切(き)ったとき、強(つよ)く傷(きず)を押(お)さえて血(ち)を止(と)めた。
     손가락을 베었을 때 강하게 상처를 눌러서 피를 멎게 했다.

傷(きず)
상처
N3

1

が ある(I)
~가 있다

↔ ない
없다

2

が できる(II)
~가 생기다

3

が 残(のこ)る(I)
~가 남다

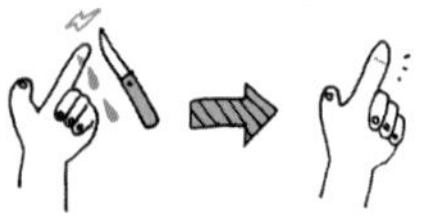

4

が 浅(あさ)い
~가 얕다

↔ 深(ふか)い
깊다

5

が 治(なお)る(I)
~가 낫다

6

を 治(なお)す(I)
~를 치료하다

やけど
화상
N3

7

を する(III)
~를 입다

8

が 軽(かる)い
~이 가볍다

↔ 重(おも)い
ひどい
깊다, 심하다

1 傷(きず)がある ↔ ない

- 私(わたし)は、手(て)にナイフで切(き)った傷(きず)がある。
  나는 손에 칼로 베인 상처가 있다.
- 大人(おとな)になったら、子(こ)どものころの傷(きず)がなくなった。
  어른이 되었더니 어릴 적의 상처가 없어졌다.

★「傷(きず) 상처, 흠집」은 물건에도 사용한다.
예) テーブルに傷(きず)がある。 테이블에 흠집이 있다.

---

2 傷(きず)ができる

- 転(ころ)んで顔(かお)に傷(きず)ができた。
  넘어져서 얼굴에 상처가 생겼다.

---

3 傷(きず)が残(のこ)る

- けがは治(なお)ったが、傷(きず)が残(のこ)ってしまった。
  부상은 나았지만 상처가 남고 말았다.

---

4 傷(きず)が浅(あさ)い ↔ 深(ふか)い

- カッターで手(て)を切(き)ったが、傷(きず)が浅(あさ)くて、血(ち)もあまり出(で)なかった。
  칼에 손을 베었지만 상처가 얕아서 피도 별로 나오지 않았다.
- 傷(きず)が深(ふか)くて血(ち)が止(と)まらなかったので、病院(びょういん)へ行(い)った。
  상처가 깊어서 피가 멈추지 않아 병원에 갔다.

---

5 [傷(きず)] [やけど]が治(なお)る

- 薬(くすり)を塗(ぬ)ったら、[傷(きず)] [やけど]が治(なお)った。
  약을 발랐더니 [상처] [화상]가/이 나았다.

6 [傷(きず)] [やけど]を治(なお)す

- 薬(くすり)を塗(ぬ)って[傷(きず)] [やけど]を治(なお)した。
  약을 발라서 [상처] [화상]를/을 치료했다.

---

7 やけどをする

- 熱(あつ)い湯(ゆ)がかかって、足(あし)にやけどをしてしまった。
  뜨거운 물이 쏟아져서 다리에 화상을 입고 말았다.

---

8 やけどが軽(かる)い ↔ {重(おも)い／ひどい}

- やけどが軽(かる)かったので、水(みず)で冷(ひ)やすだけでよかった。
  화상이 가벼워서 물로 식히기만 하면 되었다.
- やけどが{重(おも)い／ひどい}と、死(し)ぬこともある。
  화상이 {깊으면/심하면} 죽는 경우도 있다.

医者(いしゃ)
의사
N5

1 に 行(い)く(I)
~에게 가다

2 を 呼(よ)ぶ(I)
~를 부르다

3 に 見(み)せる(II)
見(み)てもらう
~에게 보여주다,
(진찰을 받다)

4 に 通(かよ)う(I)
~에 다니다

1과 4는「病院(びょういん) 병원」에도 사용한다.

注射(ちゅうしゃ)
주사
N4

5 を する(III)
~를 맞다

6 を 打(う)つ(I)
~를 놓다

薬(くすり)
약
N5

7 を 飲(の)む(I)
~을 먹다

8 が 効(き)く(I)
~이 듣다

9 が 強(つよ)い
~이 세다
↔ 弱(よわ)い
약하다

1	医者(いしゃ)に行(い)く	• かぜをひいたので、医者(いしゃ)に行(い)って薬(くすり)をもらった。 감기에 걸려서 의사에게 가서 약을 받았다.
2	医者(いしゃ)を呼(よ)ぶ	• 祖母(そぼ)が急(きゅう)に具合(ぐあい)が悪(わる)くなったので、うちに医者(いしゃ)を呼(よ)んだ。 할머니가 갑자기 편찮으셔서 집으로 의사를 불렀다(왕진을 부탁했다).
3	医者(いしゃ)に{見(み)せる／見(み)てもらう}	• のどが痛(いた)いので、医者(いしゃ)に{見(み)せ／見(み)てもらっ}た。 목이 아파서 의사에게 {보여 주었다/진찰을 받았다}. ★「見(み)せる」보다「見(み)てもらう」가 더 공손한 말투이다.
4	医者(いしゃ)に通(かよ)う	• 父(ちち)は脚(あし)が悪(わる)いので、週(しゅう)に1回(いっかい)、医者(いしゃ)に通(かよ)っている。 아버지는 다리가 아파서 일주일에 한 번씩 병원에 다니고 있다.
5	注射(ちゅうしゃ)をする	• インフルエンザがはやっているので、予防注射(よぼうちゅうしゃ)をした。 독감이 유행하고 있어서 예방 주사를 맞았다.
6	注射(ちゅうしゃ)を打(う)つ	• 肩(かた)が痛(いた)いので、病院(びょういん)で肩(かた)に注射(ちゅうしゃ)を打(う)ってもらった。 어깨가 아파서 병원에서 어깨에 주사를 맞았다.
7	薬(くすり)を飲(の)む	• あまりたくさん薬(くすり)を飲(の)むと、体(からだ)に悪(わる)い。 너무 많은 약을 복용하면 몸에 해롭다.
8	薬(くすり)が効(き)く	• 薬(くすり)がよく効(き)いて、熱(ねつ)が下(さ)がった。 약이 잘 들어서 열이 내렸다.
9	薬(くすり)が強(つよ)い ↔ 弱(よわ)い	• 飲(の)んだ薬(くすり)が強(つよ)すぎて、頭(あたま)が痛(いた)くなった。 먹은 약이 너무 세서 머리가 아파졌다. • 薬(くすり)が弱(よわ)くて、なかなか効(き)かない。 약이 약해서 좀처럼 듣지 않는다.

15

病気・健康

확인문제

1 ①~④의 형태가 되는 말을 [ ] 에서 모두 골라 [ ] 안에 넣으세요.

かぜ	熱(ねつ)	せき	けが	血(ち)	傷(きず)	やけど

① [ ] を する

② [ ] が 出(で)る

③ [ ] が 止(と)まる

④ [ ] が 治(なお)る

2 ①~④의 형태가 되는 말을 [ ] 에서 모두 골라 [ ] 안에 넣으세요. ( )에는 왼쪽에 밑줄 친 부분의 반대말을 넣으세요.

かぜ	熱(ねつ)	せき	傷(きず)	やけど	薬(くすり)

① [ ] が 高(たか)い ↔ ( )

② [ ] が ひどい ↔ ( )

③ [ ] が 浅(あさ)い ↔ ( )

④ [ ] が 強(つよ)い ↔ ( )

3 { }에서 올바른 쪽을 골라 ○표 하세요.

① 熱(ねつ)があるので、薬(くすり)を { 入(い)れた 飲(の)んだ }。

② 毎週１回(まいしゅういっかい)、医者(いしゃ)に { 通(かよ)って 訪(たず)ねて } いる。

③ 夜(よる)になって、昼間(ひるま)より熱(ねつ)が { 上(あ)がった 高(たか)まった }。

④ 道(みち)で転(ころ)んで、足(あし)に傷(きず)が { 作(つく)られた できた }。

4 { }에서 올바른 쪽을 골라 ○표 하세요.

① 病院でもらった薬は、とてもよく { 効く　感じる }。

② 今、学校でかぜが { はしって　はやって } いる。

③ 顔をドアにぶつけて、鼻から血が { 下りた　流れた }。

④ やけどがとても {重かった　熱かった} ので、入院した。

5 밑줄 친 부분이 맞으면 ○표를 하고 틀리면 알맞게 고쳐서 ( )에 넣으세요.

① 傷を強く押さえて、血を止めた（→　　　　　　　　）。

② 熱を下がる（→　　　　　　　　）ために、頭を冷やした。

③ 病気を治りたい（→　　　　　　　　）なら、医者に行った方がいい。

④ ナイフで切った傷が、手に残して（→　　　　　　　　）いる。

6 [　　]에서 단어를 골라 적당한 형태로 바꿔서 [ ] 안에 넣으세요. 각 단어는 한 번밖에 고를 수 없습니다.

ある	する	みる	よぶ	はかる

昨日、祖母が「体が熱くてとても気分が悪い」と言うので、熱を［①　　　　　］と、39℃も［②　　　　　］た。しっかり歩けなかったので、電話をかけて知り合いの医者を［③　　　　　］だ。［④　　　　　］てもらうと、かぜと疲れが原因だと言われた。注射を［⑤　　　　　］てもらって、しばらく寝ていたら、かなりよくなった。家族はみんな安心した。

7 ( )에 들어갈 말은 무엇입니까? 1~4에서 가장 알맞은 것을 고르세요.

① 息子がかぜを（a　　）、私にも（b　　）しまった。

a. 1 して　　2 ひいて　　3 つけて　　4 かかって

b. 1 来て　　2 出て　　3 入って　　4 うつって

② インフルエンザにならないように、病院で注射を（　　）もらった。

1 差して　　2 当てて　　3 打って　　4 効いて

색인

き

확인문제 정답

❶ 衣 의

1 ①着る　②はく
③はく　④かぶる

2 手袋　めがね　指輪　アクセサリー
ネクタイ　化粧

3 ①しめる、結ぶ、直す、はずす
②はめる、留める、かける、はずす
③直す、落とす
④差す、開く、閉じる

4 ①はめる ⇔ 取る、はずす
②かける ⇔ 取る、はずす
③つける、はめる ⇔ はずす
④つける ⇔ はずす

5 ①派手な　②ぶかぶか
③きつい　④濃い　⑤くずれた

6 ①かけた　②取れた　③脱げて
④○　⑤落ちて

7 ①にあわ(似合わ)　②きつかっ
③かけよ　④はずれて

8 ①1　②3　③4

❷ 食 식

1 ①消える　②つく
③出す　④わく　⑤冷ます

2 ①作る　②とる
③つぐ　④出す

3 ①濃い、薄い　②ぬるい
③強い、弱い
④いい、悪い、濃い、薄い、ない
⑤いい、悪い、ない

4 ①が、ある　②が、する
③を、かぐ　④が、する
⑤を、つける

5 ①する　②かけ　③み
④とめ(止め)　⑤おろし

6 ①4　②a) 1　b) 2

❸ 住 주

1 ①開く　②閉まる　③つく
④消える　⑤かける
⑥かかる　⑦わかす　⑧止まる

2 ①上がる、上る ⇔ 下りる
②入れる、かける、つける
⇔ 切る、消す、止める
③入れる ⇔ 切る
④出す ⇔ 止める
⑤閉める、かける ⇔ 開ける

3 ①トイレを出す
②電気が出る、電気がもれる
③ガスが開く　④ごみをつなぐ

4 ①した　②取った
③出た　④切れた

5 ①遅れている　②入りたい
③借りた　④効かない

6 ①あっ　②きっ（切っ）
③あわせ(合わせ)　④セットし
⑤なっ（鳴っ）

7 ①1　②4　③2

❹ 交通 교통

1 ①破る　②ある
③広い　④まっすぐだ

2 タクシー、電車、自動車

3 ①探す、通る　②止める、こぐ、押す
③遅れる、混む　④呼ぶ、運転する

4 ①○ ②出て
③教えて ④狭くて

5 ①厳しくて ②迷って
③ひかれて ④またがる

6 ①のりおくれ(乗り遅れ)
②ひろっ（拾っ） ③こい
④まちがえ(間違え) ⑤きき(聞き)

7 ①1 ②1 ③4

5 学校 학교

1 ①に、はいる(入る) ②に、すすむ(進む)
③に、かよう(通う) ④を、でる(出る)
⑤を、やめる ⑥に、でる(出る)
⑦を、やすむ(休む)
⑧に、うかる(受かる)

2 ①授業、試験 ②授業、試験
③宿題、問題、成績
④宿題、問題 ⑤成績

3 ①取った ②出た
③上がった ④伸びて

4 ①あった ②出た ③サボった
④取った ⑤閉じた ⑥なかった

5 ①ある ②で(出)
③ひらい(開い) ④めくり
⑤つく ⑥だす(出す)

6 ①3 ②4 ③1

6 仕事 일

1 ①低い／安い ②少ない ③下がる

2 ①仕事、が ②会社、に
③会社、で ④仕事・会社、を
⑤仕事・会社、を

3 ①している ②ある ③入る
④もらっている ⑤働いている

4 ①入った ②つく
③変えた ④リストラされて
⑤休める

5 ①で(出) ②つとめ(勤め)
③つぶれ ④なかっ
⑤きまっ（決まっ） ⑥いい
⑦あがっ（上がっ）

6 ①a) 1 b) 4 ②3

7 お金・買い物 돈 · 쇼핑

1 お金、おつり、貯金

2 ①おつり ②お金
③値段 ④貯金

3 ①が、下がる ②が、減る
③を、返す
④a. に／から b. に、貸す
⑤a. に、渡す b. から

4 ①たまった ②少なく ③出して
④かけて ⑤換えた

5 ①たり(足り) ②つかっ（使っ）
③はらう(払う) ④たかかっ（高かっ）

6 ①1 ②2 ③3

8 情報・通信 정보 · 통신

1 ①つける ②閉じる
③小さい ④遅い

2 メール、インターネット、連絡

3 データ、ファイル

4 ①データ、ファイル、パソコン
②ファイル、メール、データ
③つなぐ、つながる、アクセスする
④閉じる、立ち上げる
⑤出す、打つ、チェックする
⑥ある、来る、つく

5 ①壊れて　②○
③遅くて／重くて　④かけて
⑤大きくて／重くて

6 ①打つ　②消えて
③つながらない　④受けた
⑤シャットダウンして

7 ①おくっ（送っ）　②ひらい(開い)
③とどい(届い)　④もどっ（戻っ）
⑤かけ　⑥つながら

8 ①2　②4　③3

⑨ スケジュール 스케줄

1 ①破る　②遅れる
③早める　④悪い

2 予定、休み、時間、約束、用事

3 ①取る、もらう、過ごす
②立てる、組む
③経つ、余る、延びる、来る、足りる
④来る、過ぎる、早い
⑤決まる、変わる

4 ①変わる　②かかる
③入れる　④延びる
⑤決まる　⑥つける

5 ①進めなければ　②早まった
③○　④入った

6 ①入れた　②過ぎて
③遅れて　④済ませて

7 ①し／してい　②なっ
③きゅうな(急な)　④でき
⑤まちがえ(間違え)　⑥かえ(変え)

8 ①1　②2　③4

⑩ 人・交際 사람 · 교제

1 世話、お祝い、お見舞い、おわび、お礼、パーティー

2 お祝い、お見舞い、お礼

3 ①作る　②誘う、来る、行く、出る
③言う、贈る　④渡す、送る、言う

4 ①来て　②開く／する
③かけて　④なる　⑤○

5 ①身の回り　②品
③行った　④かかる
⑤招待した

6 ①しゅっせきする(出席する)
②しな(品)　③かけ
④つい　⑤ばれ　⑥ふられ

7 ①4　②3　③1

⑪ 趣味・スポーツ 취미 · 스포츠

1 ピアノ、バイオリン、ギター

2 ①ピアノ、ギター、バイオリン
②フルート　③ドラム

3 ①負ける、出る
②チェックアウトする、予約する
③ある、できる、多い
④流す　⑤わく

4 ①かけて　②出して
③泊まって　④○　⑤売れて、○

5 ①激しい　②できる
③押さえた　④持って　⑤出て

6 ①ながれ(流れ)　②かけ
③ひい(弾い)　④でき
⑤つよい(強い)　⑥ある

7 ①3　②2　③3

⑫ 天気 날씨

1 ①暗い　②強い
③薄い　④近い

2 雨、風、雪、雷

3 ①光る、鳴る ②晴れる、曇る
③かく ④かかる、晴れる

4 ①広がって ②落ちて
③○ ④積もって

5 ①濡れて ②悪い
③弱い ④深い

6 ①残っ ②少なく
③多く ④かかっ

7 ①いい ②で(出)
③ふり(降り) ④つよく(強く)
⑤やん ⑥かわり(変わり)

8 ①2 ②1 ③4

⑬ 自然・災害 자연 · 재해

1 ①ない ②低い
③小さい ④弱い

2 津波、地震、台風

3 ①来る、上陸する、過ぎる ②強い
③起きる、引く、大きい
④守る、壊す、破壊する

4 ①汚して ②おさまる
③目 ④○ ⑤起きた

5 ①少なく ②弱い
③近づいて ④残って ⑤引いた

6 ①ゆたかな(豊かな)
②おき(起き) ／おきてい(起きてい)
③つよかっ(強かっ) ④たかい(高い)
⑤おさまる ⑥ない

7 ①1 ②2 ③3

⑭ 体 몸

1 ①目、耳、悪い ②足、遅い
③目、口、閉じる ④腕、脚、伸ばす

2 ①髪、歯 が ②髪、歯 が
③肩、腕、脚 を ④頭、首、手 を

3 ①つないだ ②たたいた
③握った ④届いた ⑤上げた

4 ①かわいた ②いっぱいで
③聞こえない ④つまって
⑤押さえる

5 ①差す ②しみる
③かんだら ④しびれた

6 ①曲がらない／曲げられない
②伸ばして
③○ ④抜いた ⑤見える

7 ①とかし ②きっ(切っ)
③そめ(染め) ④こっ ⑤たたい

8 ① 3 ②2 ③3

⑮ 病気・健康 병 · 건강

1 ①せき、けが、やけど
②熱、せき、血
③せき、血
④かぜ、けが、傷、やけど

2 ①熱、低い
②かぜ、せき、やけど、軽い
③傷、深い ④薬、弱い

3 ①飲んだ ②通って
③上がった ④できた

4 ①効く ②はやって
③流れた ④重かった

5 ①○ ②下げる
③治したい ④残って

6 ①はかる(測る) ②あっ
③よん(呼ん) ④み(見) ⑤し

7 ①a) 2 b) 4 ②3

참고 문헌

安藤栄里子、惠谷容子、阿部比呂子、飯嶋 美知子（2014）『どんなときどう使う日本語語彙学習辞典』アルク

飯嶋美知子（監修・著）山田京、吉田雅子、藤野安紀子（2017）『日本語能力試験直前対策 N5　もじ・ごい・ぶんぽう』国書刊行会

飯嶋美知子（監修・著）山田京、吉田雅子、藤野安紀子（2018）『日本語能力試験直前対策 N4　文字・語彙・文法』国書刊行会

押尾和美、秋元美晴（2008）「新しい日本語能力試験のための語彙表・漢字表作成中間報告―新語彙表 ver.3 の完成まで（特集 語彙の研究と教育）」『日本語学』27（10）、36-49 頁

押尾和美、秋元美晴、武田明子、阿部洋子、高梨美穂、柳澤好昭、岩元隆一、石毛順子（2008）「新しい日本語能力試験のための語彙表作成に向けて」『国際交流基金日本語教育紀要』第 4 号、71-86 頁

国際交流基金（2002）『日本語能力試験 出題基準〔改訂版〕』凡人社

国際交流基金（2009）『新しい「日本語能力試験」ガイドブック概要版と問題例集 N4,N5 編』凡人社

国際交流基金（2012）『日本語能力試験 公式問題集 N5・N4』凡人社

国際交流基金（2018）『日本語能力試験 公式問題集 第二集 N5・N4・N3』凡人社

徳弘康代（2014）『日本語学習のためのよく使う順漢字 2200』三省堂

참고 교재

『初級日本語　げんき』Ⅰ・Ⅱ　ジャパンタイムズ

『できる日本語』初級、初中級　アルク

『日本語初級　大地』1・2　スリーエーネットワーク

『まるごと　日本のことばと文化』初級 1・2、初中級　国際交流基金

『みんなの日本語　初級 第 2 版』Ⅰ・Ⅱ　スリーエーネットワーク

참고 사이트

「日本語読解学習支援システム　リーディング チュウ太」http://language.tiu.ac.jp/

「Nihongo-Pro」https://www.nihongo-pro.com/jp/

「現代日本語書き言葉均衡コーパス」https://shonagon.ninjal.ac.jp/

「NINJAL-LWP for TWC」http://nlt.tsukuba.lagoinst.info/search/

저자 소개

恵谷容子（えや ようこ）

와세다대학 일본어교육연구센터 비상근 강사

저서

『どんなときどう使う　日本語語彙学習辞典』（共著、アルク）、『耳から覚える　日本語能力試験　語彙トレーニング N1』『同　N2』『同　N3』（以上共著、アルク）

飯嶋美知子（いいじま みちこ）

홋카이도정보대학 정보미디어학부 준교수

저서

『日本語能力試験　直前対策　N4 文字・語彙・文法』『同　N5 もじ・ごい・ぶんぽう』、『使う順と連想マップで学ぶ漢字＆語彙　日本語能力試験 N1』『同　N4・N5』（以上監修・著、国書刊行会）、『語彙マップで覚える漢字と語彙　中級 1500』（共著、J リサーチ出版）など。

- 번역 : 최민경
- 일러스트 : 須山奈津希

MEMO

짝꿍 단어로 익히는

일본어 VOCA

초판 발행 2023년 2월 14일
1판 2쇄 2023년 8월 17일

저자 惠谷容子, 飯嶋美知子
책임 편집 조은형, 김성은, 오은정, 무라야마 토시오
펴낸이 엄태상
디자인 권진희, 이건화
조판 이서영
콘텐츠 제작 김선웅, 장형진
마케팅본부 이승욱, 왕성석, 노원준, 조성민, 이선민
경영기획 조성근, 최성훈, 김다미, 최수진, 오희연
물류 정종진, 윤덕현, 신승진, 구윤주

펴낸곳 시사일본어사(시사북스)
주소 서울시 종로구 자하문로 300 시사빌딩
주문 및 교재 문의 1588-1582
팩스 0502-989-9592
홈페이지 www.sisabooks.com
이메일 book_japanese@sisadream.com
등록일자 1977년 12월 24일
등록번호 제300-2014-92호

ISBN 978-89-402-9352-2 (13730)